크리스천도 율법을 지켜야 하는가?

KB191966

Printed in the United States of America
ISBN 978-1-934916-00-1
Printed in South Korea
ISBN 978-89-6023-525-0

Unless otherwise indicated, all Bible references are from Stern's Complete Jewish Bible.

Second Edition, April 2008

크리스천도 율법을 지켜야 하는가?

초판 1쇄 인쇄 2011년 01월 19일
초판 1쇄 발행 2011년 01월 26일

지은이 I 카르멘 웰커
옮긴이 I 윤요한
펴낸이 I 손형국
펴낸곳 I (주)에세이퍼블리싱
출판등록 I 2004. 12. 1(제315-2008-022호)
주소 I 157-857 서울특별시 강서구 방화3동 316-3번지 한국계량계측협동조합 102호
홈페이지 I www.book.co.kr
전화번호 I (02)3159-9638~40
팩스 I (02)3159-9637

ISBN 978-89-6023-525-0 03230

크리스천도 율법을 지켜야 하는가?

카르멘 웰커 지음 | 윤요한 옮김

ESSAY

저자의 헌사(獻辭)

이 책이 나오기까지 적극적으로 지원해 준 사랑하는 나의 남편에게 이 책을 바칩니다. 그리고 1995년 1월 나를 예수님께로 인도해 주신 엘리스 아이팍(Ellis Ipock), 이 책에 대해 많은 조언을 해주었을 뿐만 아니라 자신이 집필한 저서의 내용을 이 책에 인용할 수 있도록 허락해 주신 바룩 벤 다니엘(Baruch ben Daniel), 또한 네짜리 아람어/영어 병행 성경(Netzari Aramaic English Interlinear)에서 인용할 수 있도록 허락해 주신 앤드류 가브리엘 로쓰(Andrew Gabriel Roth)에게 이 책을 바칩니다.

교회가 잃어버린 그 무엇…

마흔넷이 되었을 때 결국 저는 하나님을 만났습니다. 1995년 어느 추운 겨울날 미주리 주(州)에 위치한 작은 시골 침례교회에서 일어난 일입니다. 성령님께서는 저를 강하게 붙드셨습니다. 저는 윌 파운즈(Wil Pounds) 목사님의 설교를 듣고 큰 은혜를 받았으며, 당장 죽더라도 벌레처럼 버려지지는 않을 것이라는 확신을 얻었습니다.

저를 벼랑끝 위에 있는 심정으로 몰아붙인 설교말씀은 이렇습니다. "여러분, 잠시만 생각해 보세요. 당신이 오늘 죽어서 하나님 앞에 서 있다고 가정해 봅시다. 하나님께서 다음과 같이 질문하실 때 당신은 뭐라고 대답하겠어요? '네가 나의 천국에 들어올 수 있는 이유가 무엇이냐?'라고 물어보시면, '저는 종교심이 많고 크리스천으로서 최선의 삶을 살았습니다.' 혹은 '저는 교회에 출석했고, 가난한 사람들을 많이 구제했으며, 곤란한 사람들을 도와주고 늘 좋은 사람이 되려고 노력했습니다.'라고 대답하시겠어요?"

윌 목사님의 질문에 대해 저는 눈을 쟁반처럼 크게 뜨고 곰곰히 생각해 보았습니다. "그래 맞아, 그렇게 대답할 수밖에 없을 것 같아. 다른 이유가 없잖아?" 그러나 목사님의 곧이은 말씀은 저를 무척 당황하게 만들었습니다. "만약 당신이 그런 식으로 대답하겠다고 생각한다면, 당신은 틀렸습니다. 그러한 것들, 즉 종교심, 선행, 교회출석 등으로는 천국에 들어갈 수가 없습니다. 당신이 천국에 들어갈 수 있는 단 한 가지 이유는 바로 예수님의 십자가 보혈에 대한 당신의 **믿음**입니다. 우리 죄의 형벌을 십자가에서 우리 대신 담당하고 죽으신 예수님을 믿는 **믿음**입니다."

저는 거의 기절할 것 같았습니다. 그 날까지 저는 한 사람(예수님)의 끔찍한 죽음이 전(全) 인류를 죄에서 해방시키고 신(神, 하나님)과의 관계를 회복시킬 수 있다는 개념을 정확히 이해하지 못하고 있었습니다. 그러나 목사님의 말씀은 제 마음속의 무엇인가를 딸깍, 하고 '클릭'(click)해, 그 날 생애 처음으로 예수님의 죽음은 우리를 위한 **마지막 속죄헌물**(Final Sin Sacrifice)임을 깨닫게 했습니다. 예수님은 인간의 몸을 입고 오신 하나님으로서, 아담과 하와가 에덴에서 쫓겨난 이후로 계속되어온 동물희생에 의한 속죄제(贖罪祭)를 영원히 폐지하셨던 것입니다.

저는 유대인으로서 독일의 작은 마을에서 태어났는데, 그 마을은 하나님을 알지 못하는 곳이었습니다. 저는 성경에 대해 문외한이었고 관심도 없었습니다. 신에 대한 막연한 생각만 가지고, 신은 인간을 영원토록 벌하지는 않을 것이라고 마음대로 생각했습니다. 그러나 다행스럽게도 저는 중년(中年)이 되어 예수님을 나의 구원자로 믿고 영접하는 큰 은혜를 받았습니다. 그 나이까지 저는 반복되는 일상에서 끝없이 나타나는 시련과 고난으로부터 벗어나고자 발버둥 치며, 한편으로는 저 자신의 혼을 세상적인 것들도 가득 채우는 의미없는 삶을 살았습니다.

제가 예수님을 영접한 이후 몇 주 동안 월 목사님은 젖먹이 크리스천인 저에게 집중적으로 성경을 가르쳐 주셨습니다. 저는 바싹 마른 스펀지가 물을 빨아먹듯 목사님이 가르쳐 주시는 말씀을 열심히 배웠습니다. 목사님이 추천해 주신 모든 성경공부 교재를 섭렵했으며, 주일 아침 성경공부와 저녁에 모이는 성경공부를 놓치지 않고 참석했습니다. 약 일년 정도의 기간 동안 저는 그칠 줄 모르는 질문으로 월 목사님을 피곤케 했습니다. 저는 거듭난 삶과 예수님에 대해 알고 싶은 것이 너무나 많았습니다.

얼마되지 않아 저는 성경에 대해 제법 많이 알게 되었고, 아주 까다로운 질문을 하기 시작했습니다. 예를 들면 이런 것입니다. 성경에는 **유대인**과 **이스라엘**이 등장하는데, 왜 나의 동포 유대인은 단지 예수님을 믿지 않았다는 이유만으로 지옥에 가야 하나요? 유대인은 하나님의 선택을 받은 백성이지 않았던가요? 그들은 아브라함과 이삭과 야곱의 하나님을 열심히 섬기지 않았던가요? 그런데도 단지 예수님을 믿지 않았다는 것 하나 때문에 지옥으로 가야 하나요? 또한 예수님이 이 땅에 오시기 '전(前)'에 살았던 유대인들도 지옥에 가야 하나요? 그들은 예수님을 믿을 기회조차 없지 않았나요? **에녹**(창 5:24)이나 **엘리야**(왕하 2:11)는 예수님을 믿지 않았는데, 그들은 어떤 이유로 천국에 갔나요?

또 이런 것도 있습니다. 크리스천들은 '예수님이 율법을 끝내셨다!'라고 주장하는데, 율법은 모세오경에 나타난 하나님의 **거룩한 가르침**이잖아요? 레위기, 민수기, 신명기에는 하나님은 어떤 분이시고, 어떻게 경배 받기를 원하시고, 기념해야 할 절기들(Feasts)은 무엇이며, 인간의 행동규범과 이웃을 대하는 태도 및 우리가 먹을 수 있는 음식에 대해 자세하게 기록되어 있지 않나요? 율법은 인간이 안전하고 도덕적이며 거룩한 삶을 영위하기 위한 완벽한 안내서이자 청사진(blueprint)이지 않나요? 예수님의 몸이 십자가에서 죽었다고 해서 하나님이 원래 주신 훈계와 명령이 폐지되고 무효화되어야 할 이유가 무엇이란 말인가요? 더구나 크리스천들은 왜 율법이 폐지되었다는 교리를 '좋아하기까지' 하는가요? 하나님의 말씀을 지킬 필요가 없게 되었다는 것이 그들에게는 그렇게 기쁜 일인가요?

제가 젖먹이 크리스천일 때 **성령님**은 많은 것을 가르쳐 주셨습니다. 예수님은 우리의 속죄제가 되신 것이지, 하나님이 원래 주신 가르침(**율법**)을 새로운 가르침으로 대체시켜 버리는 분이 아니라는 것이었습니다. 구약시대의 동물희생 속죄제를 통해 가려진(covered) 것은 우리의 **죄**일 뿐이지, 하나님의 **율법**이 가려진 것은 아닙니다. 마찬가지로 예수님을 통한 완전한 속죄제는 우리의 **죄**를 제거하는 것이지, 하나님의 율법을 폐지하는 것이 아닙니다. 언약(covenants)은 변했지만, 하나님의 율법은 불변합니다. 신약성경은 "하나님이 말씀하시되"(Thus saith the Lord…)라는 구약성경의 구절을 많이 인용합니다. 그러나 반대로 구약성경이 신약성경의 구절을 인용할 수는 없습니다. 왜냐하면 구약은 신약의 바탕이기 때문입니다. 예수님이 십자가에서 죽으셨기 때문에 하나님이 원래 주신 모든 율법은 창밖으로 내던져 버려도 괜찮다고 믿는 것은 납득할 수 없습니다. 우주의 창조자이신 하나님이 제정하시고 그분 스스로 지키신(창 2:2) 일곱째 날 **안식일**이 갑자기 주(週)의 첫 날인 일요일로 변경되었다고 하는 주장도 받아들이기 힘듭니다. 단지 예수님의 죽음만으로 부정한 동물인 돼지나 조개류 등이 신비롭게도 정결한 동물로 탈바꿈된다라고 믿기도 어렵습니다.

마태복음 5장 17절에서 예수님은 분명히 말씀하십니다.

> (마 5:17) 내가 율법이나 대언자들의 글을 폐하러 온 줄로 생각하지 말라. 나는 폐하러 오지 아니하고 **성취하러 왔노라**.

예수님이 "폐하러 오지 아니하고 성취하러 왔노라!"라고 말씀하셨으므로 율법은 종결되어 끝난 것이 절대로 아닙니다.

또한 크리스천들이 '하나님의 율법은 저주'라고 주장할 때, 저는 화가 치밉니다. 도대체 어떻게 하나님이 주신 거룩한 훈계가 저주로 변질될 수 있다는 말입니까? 만약 율법이 저주라면, **이사야** 선지자나 **미가** 선지자가 '마지막 날들'에 대해 기록한 다음과 같은 구절은 무슨 뜻이 된다는 말입니까?

> (사 2:3) …이는 **법**이 시온에서부터 나가며 **주의 말씀**이 예루살렘으로부터 나갈 것이기 때문이라.

만약 율법이 저주라면 윗구절의 의미는 예수님이 세상을 통치하시기 위해 재림하실 때 우리는 저주 아래 살게 된다는 것입니다. 그렇다면 우리가 예수님의 재림과 **휴거** 사건을 소망할 필요도 없겠지요.

율법에는 또한 **영원한**(forever) 명령이 많이 있습니다. 예를 들어 성경에 나타난 하나님의 절기들은 영원히 지켜야 하는 명령입니다. 제가 목사님이나 성경 교사에게 이러한 절기들을 왜 지키지 않는가 하고 물으면 그들은 언제나 동일한 대답을 합니다. 구약의 율법은 오로지 유대인에게만 주어진 것이므로 신약의 크리스천들은 구애받을 필요가 전혀 없다고 말입니다. 저는 도무지 이해할 수가 없습니다. 하나님은 이스라엘과 함께 머무르는 타국인(**이방인 신자를 예표함**)에게도 이스라엘 백성과 똑같은 율법을 주셨기 때문입니다.

(민 15:13-16) 그 나라에서 태어난 모든 자가 불로 예비해 주께 향기로운 냄새로 드리는 헌물을 드릴 때에 이 관례대로 이 일들을 행할 것이요, ¹⁴**너희와 함께 머무는 타국인**이나 너희 대대로 너희 가운데 머무는 자들 중에 누구든지 불로 예비해 주께 향기로운 냄새로 드리는 헌물을 드리려 하면 너희가 행하는 대로 **그도 그와 같이 행할 것이니라.** ¹⁵회중에 속한 너희뿐만 아니라 너희와 함께 머무는 타국인에게도 다 **한 규례를 적용할지니** 그것은 너희 대대로 영원한 규례니라. 주 앞에서 너희가 어떠한 대로 타국인도 그러할지니 ¹⁶너희에게나 너희와

함께 머무는 **타국인에게나 한 법과 한 관례를 적용할지니라.**

윗구절이 말하는 바와 같이 율법은 모든 사람(유대인과 이방인)에게 동일하게 적용되어야 하지 않나요? 하나님께서 언제 크리스천들만을 위한 또 다른 율법을 주셨나요?

수만 가지 질문들이 제 머리 속을 스쳐 지나갔습니다. 그리고 저는 '무언가 잘못되었구나!'라고 느끼기 시작했습니다. 저 자신이 구원받기는 했지만 마음속에 무언가 채워지지 않는 구석이 있었는데, 저는 그것이 무엇인지 꼭 집어낼 수가 없었습니다. 이렇게 풀리지 않는 질문들을 가지고 성경을 펼쳐볼 때마다 다음과 같은 구절에 맞닥뜨리면 저는 점점 더 미궁(迷宮) 속을 헤매게 되었습니다: "…율법의 저주…(갈 3:13)", "…십자가에 못 박으시며… (골 2:14)."

수개월 동안 저는 제가 수집할 수 있는 모든 자료를 공부하고 성경을 파고들었으며, 율법에 대한 기독교 교리에 대해 자문자답하며 숙고했습니다. 예수님을 변함없이 믿고 있었지만, 어쩐지 신약의 예수님은 구약의 하나님과는 완전히 다른 분이라는 느낌을 지울 수 없었습니다. 저에게 성경을 가르쳐 주신 많은 목사님들을 폄하하려는 뜻은 없지만, 목사님들이 강단에서 선포하는 말씀과 **성경**이 말씀하는 내용은 일치하지 않는다고 생각되었습니다.

예를 들어 복음서를 보면 예수님은 하나님이 명령하신 안식일과 절기들[1]을 몸소 지키셨다는 것을 분명히 알 수 있습니다. 제가 이해하는 바로는 성경 그 어디에서도 (바울 서신을 포함해) '율법은 이제

---

1) 절기들: 유월절, 무교절, 초실절, 칠칠절, 오순절, 속죄일, 장막절 등.

끝났다!고 의미하는 구절을 찾을 수가 없습니다. 대부분의 크리스천들은 바울이 율법을 대적(對敵)했다고 생각하지만, 그렇지 않습니다. 바울 서신은 철저하게 오해되고 있습니다. 저는 제가 베이비(baby) 크리스천일 때에도 바울이 예수님처럼 율법 준수자일 뿐 아니라 율법을 강력하게 수호하는 사도라고 느낄 수 있었습니다. 로마서 3장 31절에서 바울은 자신의 율법관에 대해 분명히 밝히고 있습니다.

(롬 3:31) 그런즉 우리가 믿음을 통해 율법을 헛되게 만드느냐? 결코 그럴 수 없느니라. 참으로 우리가 **율법을 굳게 세우느니라.**

율법을 굳게 세운다면 동시에 율법을 폐지할 리 만무합니다. 더구나 요한일서 3장 4절에 보면, 죄는 율법을 범(犯)하는 것이라고 정의되어 있습니다. 만약 율법이 폐지되었다고 한다면, 율법을 범하는 죄도 더 이상 존재하지 않는다는 말입니다. 지금 세상에 죄가 없다고 생각하시나요? 예수님이 십자가상에서 죽으심으로써 제거된 것은 **죄**이지 율법일 수 없습니다.

(요일 3:4-6) 누구든지 죄를 범하는 자는 율법도 범하나니 **죄는 율법을 범하는 것이니라.** [5] 그분께서 **우리의 죄들을 제거하려고** 나타나신 것을 너희가 알거니와 그분 안에는 죄가 없느니라. [6] 누구든지 그분 안에 거하는 자는 죄를 짓지 아니하나니 누구

든지 죄를 짓는 자는 그분을 보지 못했고 알지도 못했느니라.

제가 율법과 관련된 문제를 풀지 못해 좌절감을 느끼고 있을 당시인 1996년, 하나님은 제가 콜로라도로 이사가도록 섭리하셨고, 저는 그 곳에서 **메시아닉**[2] 신앙을 알게 되었으며, 비로소 모든 의문에 대한 해답을 얻게 되었습니다. 기독교회가 성경을 신, 구약으로 나누고 신약이 구약보다 교리적으로 우선한다고 주장하는 반면, 메시아닉 교회는 성경을 일관성 있고 연속적인 **한 권**의 책으로 간주했습니다. 예수님을 믿음으로써 구원 얻은 크리스천들도 하나님의 율법을 준수해야 한다는 메시아닉 교회의 교리는 저의 모든 질문에 성경적인 답변을 주었습니다.

하나님의 놀라우신 섭리에 의해 저는 율법을 심도 있게 연구할 수 있었고, 일반 기독교회에서는 배울 수 없는 놀라운 사실들을 많이 알게 되었습니다. 예를 들면, 히브리 언어의 장벽 때문에 하나님의 가르침과 교훈, 즉 율법이 많이 오해되었고, 바울의 가르침도 **그리스/이방인적 시각**(Greek/Gentile mindset)으로 접근되었기 때문에 상당한 오해가 발생했다는 점입니다. 또 예수님의 본명(本名)은 히브리명(名) **예수아**(Yeshua)이며, 그 이름의 뜻은 '하나님은 구원이시

---

2) 메시아닉 교회: 메시아닉(Messianic) 교회는 예수님(예수아, Yeshua)을 '믿음으로' 구원받고 율법(토라, Torah)을 준수하는 교파입니다. 정통 유대교(Orthodox Judaism)는 이사야 53장에 언급된 고난받는 메시야를 미래에 오실 분으로 해석해 아직도 기다리고 있는 반면, 메시아닉은 그분이 바로 2,000년 전 십자가에서 죽으심으로 우리 죄를 대속해 주신 예수님으로 믿습니다. 메시아닉은 율법을 지킴으로써 구원을 이루려는 것이 아니라, 은혜로 구원받았기 때문에 하나님의 자녀로서 그분의 거룩한 율법을 지킵니다. 예를 들면, 안식일(토요일 예배), 절기(유월절, 나팔절, 장막절 등), 음식 규례(돼지고기, 오징어, 새우 등 부정한 음식을 먹지 않음) 등입니다.

다.(Yahweh is Salvation.)'라는 것입니다. 예수님을 '예수아'로 발음하는 것은 어떤 언어로도 전혀 어렵지 않은데, 왜 '예수아'로 불리지 않는지(영어로는 '지저스') 저는 납득하기 어려웠습니다. 예수님의 이름도 개명(?)되어 버렸고, 예수님의 생일과 돌아가신 날 및 부활하신 날 등이 모두 잘못되어 있음을 알고 경악했습니다. 또한 2000년 전 이 땅 위에서 걸으시며 안식일과 절기, 음식 규례 등을 몸소 지키신 율법 준수자 예수님에 대해 히브리적 관점과 그리스적 관점이 왜 이렇게 큰 차이를 가지고 있는지에 대해도 배울 수 있었습니다.

저는 제가 배운 중요한 사실들을 여러분 독자에게도 알려드리고 싶은 간절한 마음으로 이 책을 쓰게 되었습니다. 혹시 이 책을 다 읽고도 여전히 '크리스천도 율법을 준수해야 한다!'라는 확신이 서지 않을 수 있습니다. 그러나 적어도 바른 율법관 정립을 위한 많은 유용한 정보를 알게 될 것입니다. 독자께서 이 책의 각 페이지를 읽어나갈 때 하나님께서 깨달음을 주시도록 기도합니다.

역자는 소위 모태 신앙인으로서 기독교적 배경에서 성장했다. 그래서 목사님들의 설교나 서적을 통해 기독교 교리에 대해 익히 알고 있었지만, 머리로 알고 있는 교리를 현실 생활에 실제로 적용하는 삶을 살지 못했다. 정답은 알되 그것이 어떻게 정답이 되는지 원리를 이해하지 못하는 학생과 같았다. "믿음으로만 구원에 이를 수 있다!"라는 모범적인 교리를 지식적으로 알고 있었지만, 진실로 무엇이 '믿음'인지는 깨닫지 못했던 것이다.

"믿음은 어떠한 가치관, 종교, 사람, 사실 등에 대해 다른 사람의 동의와 관계 없이 확고한 진리로서 받아들이는 개인적인 심리 상태이다."라고 국어사전은 정의한다. 그런데 얼마나 확고한 마음으로 믿어야만 '믿음'이라는 심리 상태에 들어갈 수 있는 것일까? 역자는 그것을 판단할 수 있는 기준을 찾지 못해 늘 혼란스러웠다. 그러던 중 메시아닉 유대교를 접하게 되었고, '율법의 준수 여부'가 바로 믿음 유무의 시금석(試金石)임을 밝히 깨닫게 되었다. 믿음과 율법 준수는 동전의 양면같이 서로가 서로를 증명하는 불가분의 관계임을 비로소 이해하게 된 것이다.

> **(약 2:14)** 내 형제들아, 사람이 자기가 믿음이 있다고 말하면서 행위가 없으면 그것이 무슨 유익을 주느냐? 믿음이 그를 구원할 수 있겠느냐?

하나님께서 명령하신 영원한 율법을 진정으로 준행하겠다는 의사결정이 바로 믿음을 결정짓는 잣대였던 것이다. 하나님의 존재나 예수님의 대속사역을 단순히 인정하는 차원에 머무르는 것은 참된 믿음이 아님을 알게 된 것이다.

메시아닉 유대교(Messianic Judaism)는 예수님(예수아, Yeshua)을 믿고 율법(토라, Torah)을 준수하는 종파이다. 정통 유대교(Orthodox Judaism)는 이사야 53장에 언급된 고난받는 메시야를 미래에 오실 분으로 해석해 아직도 기다리고 있는 반면, 메시아닉은 그분이 바로 2,000년 전 십자가에서 죽으심으로 우리 죄를 대속해 주신 예수님으로 믿는다. 메시아닉은 구원받기 위해 율법을 지키는 율법주의자들이 아니라, 은혜로 구원받았고 하나님의 자녀가 되었기 때문에 그분의 거룩한 율법을 지키는 율법 준수자들이다. 예를 들면 안식일(토요일 예배), 절기(유월절, 나팔절, 장막절 등), 음식 규례(돼지고기, 오징어, 새우 등 부정한 음식을 먹지 않음) 등을 준수한다. 메시아닉은 제칠일 안식일 예수재림교회(안식교)나 하나님의 교회(안상홍 증인회), 신천지 예수교 장막 성전 등과는 교리 면에서 유사한 점이 있지만, 근본적으로는 무관하다. 메시아닉에 대해 조금 더 자세히 알기 원하는 독자들은 역자가 운영하는 블로그(http://Time2WakeUp.com)를 방문해 주시기 바란다.

역자는 메시아닉이야말로 진정 하나님이 원하시는 바른 신앙임을 확신했기 때문에, 아직 메시아닉 신앙에 대해 접할 기회가 거의 없는 대부분의 한국 기독교 신자들에게 하루 빨리 이 신앙을 소개해야 한다는 부담감을 늘 가지고 있었다. 그러던 차에 본서(원제: *Should Christians be Torah Observant?*)와 같은 적당한 메시아닉 입문서를 발견해 졸역의 부끄러움을 무릅쓰고 출간하게 되었다.

부디 이 책이 하나님을 믿노라 입술로 고백하지만 하나님의 높고 영원하고 거룩한 율법을 무시해 준수하지 않는 많은 한국 기독교 신자들에게 경종(警鐘)이 되며 참되고 바른 신앙의 길을 제시하는 표지판이 되기를 기도드린다.

끝으로, 이 책이 나오기까지 여러 조언과 정보를 제공해 준 미국 로스엔젤레스(Los Angeles)의 이두열 형제님에게 감사의 말씀을 드리며, 연로함에도 불구하시고 아침마다 성경을 읽으며 여러 면으로 신앙의 모범을 보여 주시는 역자의 아버지께 이 책을 바친다.

*본문의 성경구절은 킹제임스 성경(King James Version Bible)을 번역한 흠정역 성경임을 양지하기 바란다.

차례

제1장
율법과 율법주의(legalism)

(마 7:21-24) 내게 [주]여, [주]여, 하는 자가 다 하늘의 왕국에 들어가지 아니하고 오직 하늘에 계신 **내 [아버지]의 뜻을 행하는 자라야** 들어가리라. ²²그 날에 많은 사람들이 내게 이르기를, [주]여, [주]여, 우리가 주의 이름으로 대언하지 아니했나이까? 주의 이름으로 마귀들을 내쫓지 아니했나이까? 주의 이름으로 많은 놀라운 일을 행하지 아니했나이까? 하리니 ²³ 그때에 내가 그들에게 밝히 말하되, 내가 너희를 결코 알지 못했노라. **불법을 행하는 자들아**, 너희는 내게서 떠나라 하리라. ²⁴그러므로 누구든지 나의 이 말들을 듣고 그것들을 행하는 자를 나는 자기 집을 반석 위에 지은 지혜로운 사람과 같다 하리라.

모든 크리스천들은 각자가 다음과 같은 질문을 던져야 한다. 나는 정말로 **성경**에 따라 하나님을 섬기는가 아니면 목사님을 맹목적으로 추종하는가? 내가 속해 있는 교파가 하나님이 인정하시는 참된 교파라고 확신하는 근거는 무엇인가? 만약 당신이 소속된 교파가 **사람이 만든 교파**라면 100% 참된 교파가 될 수 없다. 인간은 유한한 존재이기 때문에, 하나님을 자신들이 만든 틀 안에 억지로 맞추어 넣고(오늘의 특선 요리처럼) '오늘의 특별신학(theology du jour)'이나 생산해 낼 뿐이다. 하나님과 성경을 바로 알기 위해 성령님께 여쭈어 보아야 함에도 불구하고, 사람들은 자신들의 교리를 지지할 만한 구절들만 성경에서 찾아 모은다. 결과적으로 수많은 교파들만 난립하게 되는 것이다. 북미(北美)에서만 1,500여 개에 달하는 기독교 교파가 있는데, 그들은 저마다 자신이 '정통'이라고 주장한다.

최근 들어서 많은 크리스천들은 자신의 입맛에 맞는 교회를 쇼핑(church shopping)하거나 교회에 '무엇인가가 빠져 있어.(Something was missing.)'라고 느끼며 아예 교회에서 이탈해 버린다. 그들 중 오직 소수만이 **메시아닉 교회**를 통해 그 해답을 찾아낸다. 무엇인가 빠져 있었던 것은 바로 다름 아닌 **율법**(토라, Torah)인 것이다. 율법은 구약성경 첫 다섯 권의 책인 모세오경을 일컫는 말로서 예수님을 통해 성취될 하나님의 계획이 드러나 있다(**성경에 나타난 일곱 절기 중 처음 4절기가 예수님의 초림을 통해 성취되었다**). 율법은 인간의 지고(至高)한 삶을 위한 청사진이 된다.

만약 당신이 진실로 하나님이 원하는 거룩한 삶을 살고 싶다면, 이 책은 당신의 눈을 확 뜨이게 만드는 경험을 제공할 것이다. 왜냐하면 율법에 대한 당신의 고정관념이 산산히 깨어질 것이기 때문이다. 율법은 교회가 폄하하듯 **율법주의**(legalism)가 아니다. 율법은 하나님의 말씀인 반면, **율법주의**는 하나님의 말씀에 슬며시 기어들어와 첨가된 **인간이 만든**(man-made) 전통일 뿐이다. 이러한 것을 모르는 크리스천들은 율법 **준수자**(Torah observant)들에 대해 '율법 아래 있는 자들'이니 '율법주의자들'이니 하며 무시한다. 이런 생각보다 더 진실에서 멀리 떨어진 생각은 없다.

> (약 4:11-12) 형제들아, 서로 비방하지 말라. 자기 형제를 비방하는 자나 자기 형제를 판단하는 자는 율법을 비방하며 **율법을 판단하는 자**니라. 그러나 만일 네가 율법을 판단하면 율법을 행하는 자가 아니요 판단하는 자로다. [12]율법을 주시는 이가 한 분 계시는데 그분께서 능히 구원하기도 하시며 멸하기도 하시느니라. 남을 판단하는 너는 누구냐?

필자는 이 책의 글을 더 쓰기 전에 한 가지 사실을 명확히 해두고 싶다. 즉 이 책을 집필하는 목적이 개신교인들과 가톨릭 교인들에게 한 방 먹이거나 율법을 지킴으로써 구원에 이를 수 있다고 주장하기 위함이 아니라는 것이다. 우리가 구원에 이르는 유일한 방법은 오직 예수님의 보혈로 말미암는다는 것은 두말할 나위가 없다. 또한 필자는 메시아닉 교회만이 지상에서 유일하게 올바른 교회라고 주장하는 것도 아니다. 다른 교파에서와 마찬가지로 메시아닉 운동(Messianic Movement) 안으로도 사탄이 침투해 활동하고 있음을 알기 때문이다. 필자의 목적은 예수님을 믿는 신자들이 성경을 읽고 **하나님**이 말씀하시는 것만 따라 살도록 하는 것이다. 당신이 출석하는 교회의 목사님이나 신부님을 아무리 존경한다고 하더라도 그들이 전하는 메시지를 맹신해 덥석 삼켜 버릴 수는 없다는 것이다.

이 책은 크리스천들이 지금껏 오해하고 있었던 **하나님의 율법**에 대해 설명할 것이다. 율법을 오해하면 신구약 성경을 관통하며 흐르는 성경의 '큰 줄기'를 보지 못하게 되며, '예수님이 율법을 십자가에 못박았다!'라고 엉뚱한 주장을 하게 된다. **야웨**(YHWH)[3] 하나님의 율법은 인간의 생각으로 만들어 낸 율법주의와는 완전히 다른 것이다.

우리는 오늘날 다니엘서와 요한계시록에 언급된 마지막 시대를 살고 있다. 따라서 교회의 지도자들은 자신들이 진실로 **하나님의 말씀만**을 선포하고 있는지 다시 한번 점검해야 한다. 교회 지도자들이 성경에 일관되게 흐르는 '큰 그림'을 무시하고 가르친다면, 신자들을 진리의 여정에서 길을 잃고 헤매도록 만든 책임을 져야 한다. 또한 신자들도 자신들의 목자가 잘못된 쪽으로 인도하는 것을 방임했으므로 책임이 없지 않다.

---

3) 야웨: 하나님의 이름은 히브리어로 יהוה이다. 4개의 히브리 자음으로 구성되어 있으므로 테트라그라마톤(tetragrammaton, 4자음 명칭)이라고 한다. 각 히브리어 자음에 대한 발음은 [유드, 헤이, 바브, 헤이]가 된다(*히브리어는 오른쪽에서 왼쪽 방향으로 읽고 쓴다). 영어로는 YHVH 혹은 YHWH로 표기하는데, 이 자음에 히브리 모음을 붙여 발음하면 '야웨'가 되는 것이다. 유대인들은 이 낱말이 거룩하신 하나님의 칭호이므로 '하나님의 이름을 헛되이 취하지 말라'는 십계명의 제3계명을 혹시 범하지 않을까 해서 발음하기를 꺼려했다. 그래서 주님(主, Lord)이라는 의미의 엘로힘(Elohim)이나 하나님(神, God)이라는 의미의 아도나이(Adonai)로 대신해 발음했다. 기독교에서 사용하는 하나님의 명칭인 여호와(Jehovah)는 YHWH의 자음(Y, H, W)에 아도나이의 모음(아, 오, 아)을 조합해 만든 것이므로 하나님 이름의 본래 발음과는 큰 차이가 있다. 따라서 올바른 발음인 야웨를 사용하도록 해야 한다. 메시아닉 교회에서는 기독교회가 사용하는 God(하나님)이나 Lord(주님)과 차별을 두기 위해 G-d 이나 L-rd 로 표기하는 경우가 많다.

필자는 예수님을 믿는 크리스천(가톨릭 신자를 포함해)들이 예수님을 사랑하지 않는다고 말하는 것이 아니다. 그들은 예수님을 깊이 사랑한다. 그러나 크리스천들이 율법을 무시하는 것은 하나님의 '영원한' 명령을 저버리는 심각한 죄인 것이다. 율법을 지키지 않는 자는 마지막 심판날에 하나님으로부터 '미지근한'(계 3:16) 자로 여김을 받고, 천국에서는 '작은 자'(마 5:19)가 될 것이다.

필자는 목회자와 회중들 각각에게 다음과 같은 도전을 드리고 싶다. (이 책을 다 읽고 나면 이 도전들이 새롭게 느껴질 것이다.)

목회자들께 드리는 도전: 만약 당신이 진실로 하나님의 말씀만을 있는 그대로 정확하게 선포하기를 원한다면, 신학교에서 배운 내용들을 다시 한번 '새로운 눈'을 가지고 살펴보기를 바란다. 그 내용들이 하나님의 말씀과 동일선상에 있는가? 자신이 속한 교단의 가르침, 규정, 교리 등을 하나님의 말씀에 비추어 재확인하라는 것이다.

회중들에게 드리는 도전: 만일 당신 교회의 목회자가 성경(예수님)의 가르침과 위배되는 설교를 한다면, 그러한 가르침을 과감히 떨쳐 버리고 그 교회를 박차고 떠나야 할 책임이 있다. 예수님은 율법 준수자이시며 안식일과 절기를 지키는 우리의 구원자이심을 기억하라. 당신이 하나님 말씀만을 붙잡고 그 말씀 안으로 배움의 여정을 시작한다면 성령님께서 도와주실 것이다. 마태복음 7장 13절에는 대부분의 사람들이 '생명으로 인도하는 좁은 문'으로 들어가지 않는다고 말씀한다. '히브리적 시각'을 가지고 율법을 바라보면 무엇인가 깨달음이 있을 것이다. 그러면 그것을 근거로 율법에 대한 당신의 마음을 확정하라.

하나님은 호세아 4장 6절에서 '내 백성이 지식이 부족하므로 망하는도다.'라고 통탄하신다. 우리는 어떠한 **지식**이 부족한지 정확하게 깨달아야 한다. 대부분의 크리스천들은 예수님이 십자가에 무엇을 못박았는지 정확하게 알지 못한다. 그들은 예수님이 하나님의 거룩한 가르침인 율법을 못박았다고 믿도록 엄청난 암시를 받았기 때문에, 실제로 성경에는 그러한 주장을 뒷받침할 만한 설득력 있는 구절이 전혀 없다는 것을 알지 못한다.

그렇다면 예수님이 십자가에 못박은 것은 도대체 무엇인가? 그것은 바로 '우리의 죄를 속죄하기 위한 동물 희생제사'이다. 그것이 전부이다. 예수님은 하나님의 율법을 끝장내 버리거나 새로운 어떤 것으로 대체하기 위해 이 땅에 오신 것이 아니다. 예수님은 하나님이 제정하고 친히 지키신 그분의 율법을 우리도 배우고 순종하게 하기 위해 오신 것이다.

복음서에서 예수님은 하나님의 말씀에 기어 들어온 인간의 생각과 교리들을 경계하라고 누누이 말씀하셨고, 랍비들이 제정한 **속박의 규례**들을 구별해 제거하는 방법도 보여주셨다. 그럼에도 불구하고 오늘날의 목회자들이 랍비들처럼 자신의 권위를 앞세워 '율법은 지킬 필요가 없다!'라고 설교하는 일은 참으로 비애(悲哀)감을 느끼게 한다. 그들은 하나님이 주신 거룩한 율법에 대해 정면으로 도전하고 있다는 사실을 깨닫지 못한다.

'예수님이 율법을 십자가에 못박았다!'라고 주장하기 위해 목회자들은 바울 서신의 여러 구절들을 억지로 비틀어 해석한다. 하나님은 신약시대에 들어와서 안식일을 폐하시고 주일(일요일)을 세우셨으며, 성경의 절기들은 무효 처분되었고 돼지고기나 오징어, 새우 등도 먹거리(food)로 인정받았다는 것이다. 이 모든 변화의 근거는 오직 예수님이 십자가에서 죽으셨기 때문이라는 것이다.

왜 사람들은 이러한 주장을 듣고 나서, 정말로 그런가 하고 성경을 직접 들추어 확인해 보지 않는 것일까? 예수님이 율법을 폐하러 온 것이 **아니다**라고 분명히 선언한 구절을 왜 주목하지 않는 것일까?

> (마 5:17-20) 내가 율법이나 대언자들의 글을 폐하러 온 줄로 생각하지 말라. 나는 **폐하러 오지 아니하고** 성취하러 왔노라. [18]진실로 내가 너희에게 이르노니, **하늘과 땅이 없어지기 전에는 율법의 일 점 일 획도 결코 없어지지 아니하고 마침내 다 성취되리라.**[4] [19]그러므로 누구든지 가장 작은 이 명령들 가운데 하나를 어기고 또 그와 같이 사람들을 가르치는 자는 하늘의 왕국에서 가장 **작은 자**라 불리되 누구든지 **그것들을 행하고** 가르치는 자, 곧 그는 하늘의 왕국에서 **큰 자**라 불리리라. [20]내가 너희에게 이르노니, 너희 의가 서기관들과 바리새인들의 의를 능가하지 아니하면 너희가 결코 하늘의 왕국에 들어가지 못하리라.

---

4) Complete Jewish Bible(CJB)에는 다음과 같이 번역되었다. "not so much as a yud or a stroke will pass from the Torah -- not until everything that must happen has happened."

지금 하늘과 땅이 없어졌는가? No! 하늘과 땅은 여전히 존재한다. 그렇다면 율법이 없어진 것이 아니지 않는가? 율법을 무시해서는 안 된다. 왜 크리스천들은 '성취되리라'를 '폐지되리라'로 해석해 버리고 마는가?

현대의 기독교 지성인들은 '하나님의 율법은 **저주**이다!'라는 주장에도 무덤덤하기만 하다. 하나님은 '예수님을 믿는 것' 외에는 우리에게 기대하시는 것이 전혀 없다고 생각하는가? 그분이 주신 '영원한' 명령을 헌신짝처럼 버리고, 사람들이 만든 이방 축제일들과 이방 종교(paganism)에 흠뻑 적셔진 전통 따위나 붙잡는가?

이제 필자가 독자에게 다음과 같은 백만 불짜리 질문을 하나 던지겠다. 만약 독자가 '율법은 저주'라고 믿는다면, 당신의 **목숨을 걸고** 그 확신을 고수할 자신이 있는가? 목숨을 걸기 전에 성경을 한번 펴서 확인할 수 있는 기회가 주어진다 해도, 그러한 기회조차 뿌리쳐 버릴 정도로 '율법은 저주'라고 확신하는가?

율법이 무엇인지 설명해 주는 예화

좋은 부모들은 자녀들의 인격이 형성되는 어린시절에 근본적인 이치(fundamental rules)에 순응하도록 가르친다. 뜨거운 난로에 손을 대면 화상을 입는다든지, 주인 없는 개를 잘못 건드리면 물릴 수 있고, 길을 건널 때는 차가 오는지 잘 살펴야 한다 등과 같은 것들이다. 기초적인 예절교육도 시키고, 다른 사람과 어떻게 어울리며, '…해주세요(please!)' 나 '감사합니다(Thank you!)'라는 말을 쓰는 습관을 들이도록 한다. 이러한 교육을 시키는 목적은 자녀들이 남들에게 손가락질 당하지 않고 품위 있는 삶을 영위하게끔 하는 것이다. 자녀들이 **평생토록** 유의하고 지켜야 할 것들이다. 또한 그 자녀들은 부모에게서 받은 교훈들을 그들의 자녀들에게도 전수해 줄 것이다. 이 예화에서 부모들은 자녀들에게 **율법(토라)**을 가르쳐 준 것이라고 말할 수 있다. 율법은 건전하고 안전한 삶을 위한 청사진과 같은 것이다.

자, 그런데 저쪽으로부터 번드르하고 조금 카리스마가 있어 보이는 사람이 당신의 자녀에게 다가와 다음과 같은 말을 건넨다고 상상해 보자. "애야, 네가 열두 살이 되면 부모님의 말씀은 전혀 들을 필요가 없단다. 그냥 네 마음대로 하면 돼!" 열두 살이 되면 신비스럽게도 그때까지 부모님이 가르쳤던 것이 모두 무효가 돼버리는가? 열두 살짜리 청소년이 되면 부모의 말씀에 순종할 이유가 전혀 없는가? 이제 열두 살이 됐으니까 마음대로 거짓말하고, 훔치고, 시험 시간에 컨닝하고, 혼전성교를 하고, 뜨거운 난로에 손을 대고, 살피지도 않고 기찻길을 횡단해도 된다는 말인가? 한번 사는 인생이니까 하고 싶은 것을 마음대로 해도 되는 것인가? 사람은 죄성을 지니고 태어나므로(**창 3장, 롬 3장**), 자녀들이 부모의 말씀을 듣지 않고 자기 멋대로 살고 싶은 욕망에 사로잡히게 된다.

문제는 자녀들의 그러한 욕망을 부모들이 내버려 둘 수 없다는 것이다. 부모는 자녀들이 그러한 욕망에 따라 살면 필경 고통과 비극적 죽음에 이를 수밖에 없다는 것을 너무나 잘 알고 있기 때문이다. 그런데 바로 이 번드르한 사람의 논리가 하나님의 율법에 대해 우리가 취하는 태도인 것이다. 우리는 은혜 아래 있고 예수님은 율법을 십자가에 못박았으므로 율법을 지킬 필요가 없다는 것이다. 다음과 같은 의문을 품어 본 크리스천이 몇이나 되겠는가?

- 하나님은 왜 자신이 이스라엘 백성에게 수여한 원래의 고귀한 율법을 변경 혹은 폐지하시는가? 만약 인간의 행동규범인 율법이 폐지되어 버렸다면, 도대체 사람은 어떤 도덕 기준으로 살아야 하는가?
- 예수님은 율법을 폐하러 오지 않고 성취하러 왔다고 분명히 말씀하셨는데, 왜 크리스천들은 율법이 폐해진 것으로 간주하는가? 왜 크리스천들은 하나님의 절기들과 안식일을 준수하지 않는가? 예수님이 최후의 속죄헌물로서 십자가에 달려 돌아가셨다고 해서 왜 부정한 것이 정결한 음식으로 바뀌어 버리는 것인가?
- 바울의 가르침이 예수님의 가르침과 충돌하는 것처럼 가르쳐지는 이유는 무엇일까? 바울은 자신이 율법 준수자였고 율법을 세우라고 명령하지 않았던가?
- 왜 기독교에는 수많은 교파가 난립하고 있는가? 모두 다 자신들만이 정통이라고 주장하고 있지 않은가? 도대체 진실로 하나님께서 인정하는 교파는 어디인가?
- 왜 기독교 목회자들 가운데 상당수가 이런 저런 추문 때문에 강단에서 내려와야만 하는가? 목회자는 하나님의 뜻을 **행하는** 자들이 아니었던가? 그들이 자의(恣意)로 행하는 자들이라면, 왜 그들을 성의(聖衣)의 사람(man of cloth)으로 불

러야 하는가?

· 과연 삼위일체(trinity)니 휴거(rapture)니 하는 성경에도 없는 단어를 돈을 찍어내듯 제조해내도 괜찮은가? 크리스마스와 부활절(Easter)은 과연 성경적 절기인가, 아니면 사람이 만들어낸 축제일인가? 하나님은 성경에 자신의 절기를 아주 상세하게 계시해 주셨는데 사람들이 지키지 않는 이유는 무엇인가? 성경 어디에서 예수님이 절기들을 폐하셨다고 되어 있는가? 예수님의 초림사건은 하나님의 일곱 절기 중에서 처음 네 절기만을 성취하신 것이 아닌가? 일곱 절기가 모두 성취되기도 전에 율법을 폐해 버리면 미성취된 3절기는 애당초 왜 만들어졌던 것인가?

크리스천들은 '율법은 마음판에 기록되었다!'라는 표현을 자주 하는데, 먼저 하나님의 율법을 **배우지** 않는다면 결코 마음판에 기록될 수도 없음을 알아야 한다. 에덴동산에서 아담과 하와가 불순종함으로써 인류는 모두 **죄성을 가지고** 태어난다(롬 3:10, 23). 미안하지만, 신생아의 마음판에 율법은 기록되어 있지 않다. 뜨거운 난로는 위험하다는 것을 먼저 **학습**해야 하는 것처럼, 하나님의 율법도 먼저 배워야 한다.

크리스천들에 의해 오해받는 여러 서신서를 기록한 사도 바울은 다음과 같이 말한다.

(롬 2:12-16) 율법 밖에서 죄를 지은 자들은 또한 율법 밖에서

멸망하고 율법 안에서 죄를 지은 자들은 율법으로 심판을 받으리니 [13]이는 율법을 듣는 자들이 하나님 앞에서 의롭지 아니하고 **오직 율법을 행하는 자들이** 의롭게 될 것이기 때문이라. [14]율법을 소유하지 않은 이방인들이 본성을 통해 율법 안에 들어 있는 것들을 행할 때에 이런 사람들은 율법을 소유하지 않아도 자기에게 율법이 되나니 [15]이런 사람들은 또한 자기 양심이 증언하며 자기 생각들이 서로 고소하고 변명하는 가운데 자기 마음속에 기록된 율법의 행위를 보이느니라. [16]이런 심판은 하나님께서 나의 복음대로 예수 그리스도로 말미암아 사람들의 은밀한 것들을 심판하실 그 날에 이루어지리라.

위의 구절이 무슨 말인지 깨닫게 해달라고 성령님[5]께 간구하라. 율법이 필요없다는 말씀인가? No! 하나님의 율법을 소유하지 못한 이방인들도 양심을 통해 **율법과 부합되는 행위를** 한다는 것이다.

필자는 제1장을 시작하면서 마태복음 7장 21-23절을 인용하며, 하나님은 불법을 행하는 자를 물리치실 것이라고 했다. '불법을 행하는 자'란 누구를 의미하는가? 바로 하나님의 **율법을 지키지 않는 자**들이다. 하나님의 율법을 의도적으로 거부하면서 스스로 성도(聖徒, 거룩한 무리들, saint)라고 생각하는 것은 위선이다. 요한일서3장 4절에는 '죄는 율법을 범하는 것'이라고 분명하게 **죄의 정의**가 내려져 있다. 율법을 무시하거나 불순종하는 것이 바로 죄인 것이다.

성경 여러 곳에서 율법은 유대민족뿐만 아니라 그들을 따라 함께

---

5) 성령님: 히브리어로 루아흐 하코데쉬(Ruach haKodesh).

출애굽한 타국인들에게도 동일하게 주어졌다고 말한다. 그 타국인들은 아브라함과 이삭과 야곱의 하나님을 섬기기를 원했다. 이스라엘은 모든 민족의 본보기(example)가 되는 민족이며, 오로지 그들에게만 율법이 주어진 것은 아니다.

율법은 우리가 하나님과 바른 관계를 유지할 수 있게 해준다. 율법은 하나님이 어떤 분이시며, 그분이 어떻게 경배받기를 원하시고, 얼마나 우리를 사랑하시고, 얼마나 우리가 그분의 뜻에 순종하기를 원하시는지 가르쳐 준다. 우리가 하나님과 바른 관계를 유지하려면 하나님의 율법을 전적으로 믿고 순종해야지 입맛에 맞는 것만 취사 선택해서는 안 된다.

제2장부터는 크리스천들이 역사를 관통하며 흐르는 '큰 줄기'를 보지 못하기 때문에 하나님의 크신 축복을 받지 못하는 안타까운 현실에 대해 살펴보겠다. 많은 크리스천들이 율법(토라)을 버리고 초대 교부들의 신학에 근거한 왜곡된 가르침에 안주하고 있다.

선지자 **미가**는 다음과 같은 질문을 던진다.

> (미 6:6) **내가 무엇을 가지고 주 앞에 나아가며** 높으신 하나님 앞에서 절을 할까? 내가 번제 헌물과 일년 된 송아지를 가지고 그분 앞에 나아갈까?

책을 다 읽을 때까지 이 구절을 잘 기억해 두라. 이 책을 완독할 즈음 독자는 미가 선지자의 질문에 대한 답변을 알게 될 것이다.

제2장
율법은 십자가에 못박혔는가?

    이 세상에 신학자들이 많이 있는데 그들 중 대다수는 율법이 오로지 유대인에게만 주어졌다고 믿으며 신약 성도들은 율법을 지킬 필요가 없다고 주장한다. 과연 **성경**은 무엇이라고 말하는가?

    '율법은 십자가에 못박혔다!'라는 신화(神話) 같은 주장은 언제부터 시작되었을까? 그러한 주장은 오래 전 초기 교부(敎父, church fathers) 시대부터 유래한다. 그들은 아브라함과 이삭과 야곱의 하나님을 받아들였지만, 의도적이든 비의도적이든 하나님의 성경적인 참 모습을 훼손시켰다. 이방인이었던 그들은 유대인을 혐오하고 유대 문화를 배격했으며, 성경을 **히브리적 관점**(Hebrew mindset) 에서 이해하기보다 자신들의 **그리스적 관점**(Greek mindset) 으로 들여다 보았기 때문이다.

    히브리적 관점과 그리스적 관점이란 무엇인가? 그것은 인간과 하나님과 진리에 대해 유대인과 이방인이 생각하는 사고방식의 차이이다. 히브리적 관점에 의하면 하나님만이 유일한 신(神)이시며 전능한 창조자이시다. 반면 그리스적 관점은 하나님을 무신론, 영지주의(靈智主義)[6], 이방 종교 등의 연장선상에서 이해하려고 한다. 그래서 사도 바울은 유대인과 그리스인을 전도할 때 각기 다른 관점으로으로 접근했다.

예를 들어 보자. 요한계시록 19장 11-13절과 16절에 보면, 예수님이 넓적다리에 '왕들의 왕, 주들의 주'라는 이름을 기록하고 재림하시는 모습이 나온다. 그리스적 관점은 "예수님이 넓적다리에 문신(tattoo)을 새기셨구나."라고 이해한다. 그러나 유대 문화에 바탕을 둔 히브리적 관점은 이것을 실제적이고 성경적으로 이해한다. 예수님이 넓적다리에 하나님의 이름을 기록하셨다는 의미는, 예수님이 걸치신 탈리트(tallit)[7]가 예수님의 넓적다리 위를 덮고 있다는 의미인 것이다. 탈리트에는 기다랗게 꼬아 만든 칫칫(tzit-tzit, 옷술) 4개가 동서남북을 의미하며 달려 있다. 칫칫은 청색실을 포함해 여러 가닥의 실을 꼬거나 감아서 만들어지는데, 하나님의 이름인 야웨(Yahweh, YHWH)가 상징되도록 실을 감는 것[8]이다. 예수님이 다리에 문신을 하실 리는 없지 않는가?

또 다른 예는 달력과 시간(timeline)에 관한 것이다. 하나님의 달력은 예나 지금이나 동일하게 진행하고 있으나, 이방인이 사용하

---

6) 영지주의: 선택받은 자에게만 주어지는 영적인 지식 또는 그 지식 위에 형성된 종교 체계를 주장하는 종교 사상.

7) 탈리트: 유대인들이 기도할 때 머리에 쓰는 쇼올.

8) 하나님의 이름인 '야웨'는 히브리어로 יהוה 라고 표기하며, 우측에서 좌측으로 읽는데 [유드, 헤이, 바브, 헤이] 라고 발음한다(영어로는 주로 YHWH로 표기한다). 히브리어의 모든 자음들은 그 글자값을 가지고 있는데, 유드는 10, 헤이는 5, 바브는 6 이다. 칫칫을 만들 때 청색실을 다른 실 주위로 감고 나서 꼬는 작업을 반복하는데, 각각 10번, 5번, 6번, 5번을 감고 꼬는 것으로서 하나님의 이름 '야웨'를 상징적으로 나타낸다.

는 달력은 여러 차례 체계가 바뀌었으며, 현재 전세계적으로 사용되는 그레고리력(曆, Gregorian calendar)은 달[月] 이름이 온갖 이방신들의 이름[9]으로 얼룩져 있다. 하나님은 '하루'를 자정부터 다음 날 자정까지가 아니라 일몰(sunset)에서부터 다음 날 일몰까지로 계산하신다(창 1:5). 하나님은 요일(曜日)에는 이름을 주시지 않고 단순히 첫째날, 둘째날, 셋째날 등과 같이 부르셨다. 그러나 세상은 달[月]의 이름과 마찬가지로 요일의 이름에도 이방신들의 이름을 붙여 사용한다.

요일 이름이나 달 이름을 벌써 오랫동안 사용해 왔기 때문에 어쩔 수 없다고 말할지 모르지만, 그 일을 하나님이 기뻐하지 않으신다는 점을 명심해야 한다. 하나님은 자기의 백성들이 하나님을 경배할 때, 조금이라도 그분이 명령하지 않은 것을 가지고 나아오기를 원치 않으신다(아론의 아들들이 주께 경배하다가 죽임을 당한 사건을 기억하라). 성경말씀을 통해 우리에게 경고를 주신 하나님의 마음은 오늘도 그러하시다.

히브리적 관점과 그리스적 관점의 차이점 때문에 야기되는 결과는 정말로 엄청나다. 이방인 교회 지도자들은 그들의 그리스적 사고방식 때문에 성경에 대한 잘못된 해석, 잘못된 번역, 잘못된 이해, 잘못된 적용 등을 함으로써, 하나님의 방정식 안에 그들의 의견에서 비롯된 온갖 변수들을 집어넣었다. 그리고 그들을 맹종하는 신도들은 그들의 지도자들이 생산해 낸 '진리(?)'를 아무런 생각 없이 수용한다. 스스로 성경을 펴서 예수님의 말씀을 직접 살펴보는

---

9) 예를 들어 January(1월)은 야누스(Janus)를 의미한다.

대신에, 교회 지도자들의 가르침을 아무런 비판 없이 인정함으로써 '율법은 저주이다!'라는 잘못된 공식을 묵인해 버리는 것이다.

율법에 관해 초대 교부들이 다음 세대의 신자들에게 끼친 악영향을 살펴보자.

사탄의 장난

누가복음 4장에는 예수님을 유혹하는 사탄에 대한 묘사가 있다. 자기에게 경배하면 세상의 모든 왕국을 주겠다는 사탄의 꾀임을 예수님께서 단호히 거부하고 시험을 물리치자 사탄은 자신의 전략을 수정했다. 예수님의 말씀인 성경에 이단교리를 슬며시 끼워넣은 것이다. 대표적인 것이 바로 '크리스천은 율법을 지킬 필요가 없다'는 것이다.

그러나 성경을 자세히 읽어 보면 초대교회 당시의 이방인 신자들도 율법을 준수하고 있었음을 알 수 있다. 물론 많은 크리스천들은 이 사실에 동조하지 않는다. 그들은 바울 서신서 중에서 특정 구절을 골라내어 율법이 폐기되었음을 자신있게 설명하려 들 뿐이다.

그러면 고린도전서 5장 8절과 같은 구절을 한번 보자. 이 구절에서 바울은 "그러므로 우리가 그 **명절을 지키되** 묵은 누룩으로도 말고 악의와 사악함의 누룩으로도 말며 오직 순수함과 진실함의 누룩 없는 빵으로 하자."라고 말한다. 여기서 바울이 언급하는 명절은 율법에 잘 설명되어 있는 **유월절**이다(출 12장, 레 23:4, 민 9장). 결코 이방 축제일인 **이스터**(Easter)가 아니다. 바울은 분명히 **명절을 지키자**

고 촉구하지 않는가?

사도행전 13장 42-44절에 보면 안디옥 교회의 이방인 신자들은 바울에게 그 다음 주 **안식일**에도 또다시 성경을 가르쳐 줄 것을 요청한다. 하나님의 안식일은 언제나 일곱째 날인 토요일임을 기억하라. 그래서 그 다음 주 안식일에 거의 온 도시가 말씀을 들으려 몰려들었다. 일요일(주일)이 아니었다. 초대교회 시대 때는 유대인이나 이방인 신자나 동일하게 **안식일**에 회당에 모여 하나님께 경배를 드렸다.

그렇다면 그 당시 신자들은 왜 일요일이 아니고 토요일에 예배를 드렸는가(필자는 위의 문장에서 '크리스천'이라는 용어 대신에 '신자'라는 용어를 사용했는데, 왜냐하면 크리스천이라는 용어는 사실상 AD 100년까지는 사용되지 않았기 때문이다)? 이유는 간단하다. 바로 하나님께서 안식일은 토요일이라고 말씀하셨기 때문이다(창2:1-3). 하나님은 또한 그분을 경배하고자 하는 사람은 누구든지 유대인에게 주어진 명령에 따라 그와 같이 경배하라고 명령하셨다.

> (민 15:13-16) 그 나라에서 태어난 **모든 자**가 불로 예비해 주께 향기로운 냄새로 드리는 헌물을 드릴 때에 이 관례대로 이 일들을 행할 것이요, ¹⁴너희와 함께 머무는 타국인이나 너희 대대로 너희 가운데 머무는 자들 중에 누구든지 불로 예비해 주께 향기로운 냄새로 드리는 헌물을 드리려 하면 너희가 행하는 대로 **그도 그와 같이 행할 것이니라.** ¹⁵회중에 속한 너희뿐만 아니라 너희와 함께 머무는 타국인에게도 다 **한 규례**

를 적용할지니 그것은 **너희 대대로 영원한 규례니라.** 주 앞에
서 너희가 어떠한 대로 타국인도 그러할지니 ¹⁶**너희에게나 너
희와 함께 머무는 타국인에게나 한 법과 한 관례를 적용할지
니라.**

성경 전체를 통틀어 하나님이나 예수님이 일요일에 경배하라고
명시적으로 말씀해 주신 구절이 단 한 구절이라도 있단 말인가?
출애굽기에서 모세는 여섯째 날[10] 이스라엘 백성에게 다음과 같
이 말한다. "**내일은 안식하는 날로서 주께 거룩한 안식일이라.**" (출
16:23, 사 56:2-7).

초대교회 때의 이방인 신자들은 복음을 믿고 아무런 주저 없이
율법을 준수했다. 교회사(**敎會史**) 서적을 읽어보면 1세기 말경이 되
면 이방인 신자의 수효가 유대인 신자의 수효를 넘어선다(유대인 인
구가 이방인 전체 인구에 비해 절대적으로 적으므로 이런 현상은 당연하다). 그런
데 이방인 신자들 중 대다수는 **히브리 뿌리**(Hebrew roots)에 기초한
믿음을 잘 알지 못했고, 하나님이 이스라엘과 맺은 영원한 언약(롬
11:1-2)에 대해서도 이해가 부족했다. 그들은 점차 '유대 뿌리로부터
탈피하는 과정'(de-Judaizing process)을 통해 약간씩 방향을 바꾸어
갔고, 결국 새로운 '종교'를 만들게 되어 버린 것이다.

마침내 이방인 신자의 숫자가 유대인 신자의 숫자를 압도하게 되
자, 유대인 신자처럼 율법을 지키는 것이 터부(taboo)시되었고, 예
수님을 믿는다는 것은 율법을 지키지 않는 크리스천이 되는 것

---

10) 여섯째 날: 금요일.

을 의미하게 되었다. 나중에는 이방인 신자들이 만들어 낸 '지저스 (Jesus)'를 믿지 않으면 죽임을 당하기까지 했다. 그래서 오늘날의 유대인들은 '지저스'라는 말만 들어도 질색을 하는 것이다. 간단히 말하면 이방인 신자들은 창조자 하나님의 말씀과 이방 종교를 섞어 혼합해 버린 것이다.

요즘에도 크리스천들은 유대인들을 훈계하며 '율법 아래에 머물지 말고' 그들의 지저스를 믿으라고 해댄다. 그들의 지저스를 믿지 많으면 지옥에 간다고 주장한다. 그러나 그들의 지저스는 유대인으로서 유대땅에 오셨던 실제 메시아와는 전혀 닮지 않았다. 크리스천들은 유대인이라는 민족이 훨씬 오래 전부터 율법을 지켜 왔으며 하나님과 특별한 관계를 맺어 온 백성이라는 사실을 알지 못한다. 유대인이야말로 참된 교파의 뿌리가 되며, 유대인을 배격하는 교파는 '이방 종교적' 교파에 지나지 않는다.

초기 교부들(Church fathers)의 악영향

초기 교부들은 기독교 신자들이 하나님과 예수님을 바로 인식하는 데 지대한 악영향을 끼쳤다. 그들 스스로가 히브리적인 사고방식을 가지지 못했고 유대인의 하나님을 올바로 인식하지 못했기 때문이다. 그들은 성경말씀을 자신들의 생각에 따라 이리저리 비틀고, 예수님의 이름을 **지저스**(Jesus)로 바꾸어 부르며, 예수님의 탄생일은 장막절[11]이 분명한데도 12월 25일 크리스마스를 축하하고(성

---

11) 장막절: 히브리어로는 숙곳(Sukkot)이라 부르며 일곱째 달 15일부터 7일간 지킨다.

경에는 예수님의 탄생일을 기념하라는 명령이 전혀 없다), 예수님은 율법을 폐하셨기 때문에 안식일과 절기 등을 지킬 필요가 없다고 주장해왔다. 또 율법은 오직 유대인에게만 주어졌다고 주장한다(하나님은 변치 않으시고 언제나 동일하신 분인데, 율법을 두 가지로 나누어 놓을 수가 있을까?). 또한 하나님은 우상이나 새긴 형상을 만들거나 섬기지 말라고 명령하셨는데, 교부들은 가톨릭 성당 안에 지저스나 성모 마리아의 조각상을 모셔다 놓았고, 교회 예배당에는 십자가를 걸어 놓았다. 지난 2,000 여 년 동안 어느 누구도 예수님을 실제로 본 사람이 없건만, 그들은 자신들이 만든 조각상이 실제 예수님의 모습인 것처럼 바라보며 감탄한다.

더구나 그들은 유대인들을 '나쁜 녀석들'(bad guys)로 몰아세우며, 종교재판(Inquisition), 홀로코스트(Holocaust) 등을 통해 유대인을 괴롭히고 감옥에 처넣고 학살하는 등 온갖 만행을 저질렀다. 이러한 적대행위는 하나님의 얼굴을 치는 것과 같은 엄청난 악행이다. 교회의 지도자들은 자신들이 만들어낸 '종교'가 유대교를 대체했다고 주장한다. 그런데 유대교와 전혀 흡사하지 않은 새로운 종교가 유대교를 대체한다는 것은 설득력이 없다. 새 종교(기독교)가 믿는 하나님은 이미 유대교에서 오랫동안 섬겨오던 하나님이시지 않는가? 하나님은 어제나 오늘이나 영원히 동일하신 분이다(히 13:8). 동일한 하나님을 믿는 종교 간에 차이점이 있다는 것은 모순이다.

초기 기독교의 교리 정립에 나쁜 영향을 끼친 대표적인 교부들은 이그나티우스(Ignatius, AD 35-107), 말시온(Marcion, AD 110-160) 그리고 터툴리안(Tertullian, AD 155-230) 등이 있다. 이들은 성경말씀을 왜곡하고 유대교와 동떨어진 복음을 만들어 내어, 이를 '참복음'인 것처럼 전파했다. 그리고 세상은 즉시 이러한 거짓 교리를 비판없이 꿀꺽 삼켜 버렸다.

다음에 나오는 내용은 저술가이자 아람어 학자인 **앤드류 가브리엘 로쓰**(Andrew Gabriel Roth)와 그의 동료인 **바룩 벤 다니엘**(Baruch ben Daniel)이 공동 집필한 **네짜리 아람어/영어 병행 성경**(*Netzari Aramaic English Interlinear*[12])의 부록에 나오는 것으로서, 그들의 허락을 얻어 여기에 소개한다.

> · **이그나티우스**: 이그나티우스는 사도요한의 제자이지만, 초기 기독교에 그리스적 관점을 심은 선구자이기도 하다. 그는 이방 종교의 풍습을 도입했고, 기독교를 헬레니즘 문화에 맞추어 그리스-로마(Greco-Roman) 식으로 포장했다. 또한 예수아[13]를 믿는 유대인 신자들을 율법주의자로 매도하거나 유대교 전파자로 낙인 찍었다. 안식일[14]을 준수하는 대신에 이방신 **이쉬타**(Ishtar 혹은 Easter)를 위해 주일 예배(일요일 예배)를 드리라고 가르쳤다. 이그나티우스가 작성한 서신서에는 그가 얼마나 기독교 교리에 악영향을 끼쳤는지 잘 나타나 있다. 그는 교회의 무오성(infallibility of the church)과

---

12) 병행 성경(Interlinear): 대역 성경은 두 개의 언어가 좌우 세로로 구분되어 있는 데 반해, 병행 성경은 두개의 언어가 바로 위아래로 단어별로 적혀 있기 때문에 단어와 단어를 대조하기 용이하다.

13) 예수아: 예수님의 히브리 식 이름, Yeshua.

14) 안식일: 히브리어로는 샤밧(Shabbat).

보편적 교회[15](universal church) 같은 교리들을 주장했는데, 이러한 교리들은 이방 종교에서 온 것이다. 그는 헬레니즘적 시각을 가지고 교회 안으로 성직자 계급제도 (hierarchy)를 도입하고, 스스로 하나님의 대리자 (the God bearer)를 자처하기도 했다. 또한 성직자 계급에 속한 사람들은 일반 사람들보다 우월하기 때문에 예수님이 가지셨던 것과 같은 권위를 행사할 수 있다고 가르쳤다. 그는 기독교 교리를 마음대로 가지고 주무른 자이다. 그는 "주교의 감독을 받지 않으면 침례나 성찬 등의 행사를 할 수 없다!"는 교리를 강력하게 주창했고, 성모 마리아의 '영원한 동정녀'(eternal virgin) 설을 믿기도 했다.

· **터툴리안**: 현대의 오순절 교회는 '방언'과 관련해서 터툴리안에게 감사해야 한다. 왜냐하면 터툴리안은 자기가 무아지경 (trance)에 빠져 내뱉는 '예언(?)'의 말이 성령님의 말씀이라고 가르쳤기 때문이다. 또한 그는 여러 이방 종교와 심령술 등에 영향을 받아 **삼위일체**(Trinity)라는 교리를 만들어 냈다. 이 교리는 오늘날까지도 철저하게 신봉되는 교리이지만 많은 문제점을 내포하고 있다(**이것에 관해서는 이 책의 부록 2에서 다루기로 한다**). 삼위일체론의 세 위격(persons)은 성직자 계급제도를 옹호하는 종교들에서 흔히 발견되는 개념이다. 터툴리안은 동음이의어(同音異義語, pun)의 구사, 재치 있는 언변, 풍자(sarcasm), 반대자에게 심한 욕설을 퍼부은 것으로도

---

15) 보편적 교회: 가톨릭 교회를 의미함.

유명하다.

· **말시온**: 성경을 신약, 구약으로 나누어 명칭하는 사람은 말시온에게 모자를 벗어 경의를 표해야 한다. 왜냐하면 말시온은 헬레니즘적 사고방식에 물들어서 율법(**토라**)에 관한 올바른 깨달음이 없었기 때문에, 신약(New Testament)과 구약(Old Testament)이라는 용어를 만들어 낸 장본인이기 때문이다. 그는 신약과 구약은 내용 면에서 서로 조화될 수 없다고 가르쳤고, 현대의 교회들도 이 가르침을 그대로 수용한다. 먼저 신, 구약이 상반된다는 말시온의 주장을 구체적으로 살펴보고 성경말씀으로 그 오류를 바로잡아 보자.

① 모세의 법은 '눈에는 눈'(eye for an eye)으로 갚으라고 하지만, 예수님은 오른뺨을 치는 자에게 왼뺨까지 돌려대라고 말씀하셨다.

② 구약의 엘리사는 곰이 나타나 어린아이들을 잡아먹게 했지만, 예수님은 어린아이들이 자신에게 오도록 하셨다.

③ 여호수아는 태양을 멈추게 하고 계속해 적을 살육했지만, 바울은 "태양이 지도록 분을 품지 말라"고 했다.

④ 구약은 이혼과 중혼(**重婚**, polygamy)을 허용하지만, 신약은 반대한다.

⑤ 모세는 안식일과 율법을 지키라고 하지만, 예수님은 모든 율법으로부터 우리들을 해방시키셨다.

⑥ 하나님은 안식일에 아무 일도 하지 말라고 명령하셨

는데, 그렇다면 왜 안식일에 여리고 성 주위를 일곱 번 돌라고 이스라엘 백성에게 명령하셨나?

⑦ 아무 형상이든지 만들지 말라고 십계명에 명시되어 있으나, 모세는 놋뱀을 만들어 세웠다.

⑧ 구약의 하나님은 전지하신(omniscient) 분은 아니다. 만약 전지하시다면 왜 "아담아, 네가 어느 있느냐?"(창 3:9)라고 물으셨겠는가?

⑨ 구약의 하나님은 분노하고 잔인하게 복수하는 무자비한 분이지만, 예수님은 사랑과 동정심이 풍성하신 분이다.

⑩ 따라서 성경은 신약과 구약으로 나누어야 한다.

말시온의 오류를 바로잡아 주는 올바른 성경적 의미

① '눈에는 눈'이라는 표현은 관용구로서, 피해에 상응하는 적절한 **금전적인** 배상을 하라는 명령이다. 신체적 피해를 당한 것과 동일하게 신체적인 상해를 가하는 **동해상해법(同害傷害法)**을 의미하는 것이 아니다. 눈에 피해를 입혔으면 그 피해를 충분히 보상할 수 있는 **금액으로**, 팔에 피해를 입혔으면 또한 그 피해를 충분히 보상할 수 있는 **금액으로** 배상하라는 의미인 것이다.

② 엘리사는 자신을 놀려대는 어린아이들을 하나님의 이름으로 저주했다. 두 마리의 암컷 곰이 의해 42명

의 아이들이 찢겨 죽었는데, 이 숫자는 하나님을 대적하는 자에 대한 심판을 상징한다. 사사기 12장 6절에는 에브라임 사람 42,000명이 죽임을 당했다고 기록되어 있으며, 열왕기하 10장 14절에 보면 아하시아 왕의 친척들 42명이 예후에 의해 몰살을 당한다. 또한 요한계시록 11장 2절은 이방인들이 42개월 동안 거룩한 도시를 짓밟는다고 기록한다. 필자는 그 때(대환란)에 적그리스도가 지저스(Jesus)라는 우상을 세우고 지저스를 경배하지 않는 모든 자를 처형할 가능성도 있다고 생각한다. 이러한 대환란 때에 하나님은 두 증인을 세우실 것이다. 히브리적 시각이 아니라 그리스적 시각으로 **타낙**(Tanakh[16])을 바라보면, 엘리사를 넘어 결국 하나님을 판단하는 자가 돼버리고 만다.

③ 여호수아는 자신의 힘으로 태양을 멈추게 한 것이 아니다. 여호수아 10장 11-13절에 보면, 여호수아의 지휘를 받는 이스라엘 백성의 칼에 의해 죽은 자보다, 하나님이 내리신 돌우박에 맞아 죽은 자가 더 많더라고 기록하고 있다. 여호수아는 '예호수아' 혹은 '예수아'로도 불리는데, 우리의 구주 **예수아**(예수님의 히브리식 명칭)와 동일한 이름이다. 따라서 여호수아는 예

---

16) Tanakh: 구약성경을 의미한다. 구약성경은 토라(Torah, 율법서=모세오경)와 네비임(Neviim, 예언서)과 케투빔(Ketubim, 聖문서=역사서, 시가서, 지혜서 등)으로 이루어져 있는데, 이 3가지 종류의 첫 글자들(T,N,K)을 조합해 Tanakh라고 명칭한다.

수님의 모형인 것이다. 말시온은 자신의 정의(justice)
에 따라 판단했기 때문에, 하나님의 주권과 하나님의
말씀(율법)을 멸시하게 되었다. 실제로는 크리스천들
이 더 많은 사람들을 '종교'라는 이름하에 학살했는
데, 이스라엘 백성들이 하나님의 명령(출[17] 34:12-17)에
따라 이방 종교를 믿는 대적들을 죽인 숫자보다 훨씬
많다. "그가 자기 씨 중에서 몰렉에게 줄 때에 그 땅
의 백성이 어떤 식으로든 그 사람을 눈감아 주고 그
를 죽이지 아니하면 내가 그 사람과 그의 가족을 대
적해 내 얼굴을 들고 또 그와 그를 따라 음행의 길로
가며 몰렉과 행음하는 모든 자를 그들의 백성 가운데
서 끊으리라."(레[18] 20:4-5). 고고학자들이 요르단에 있
는 페트라(Petra)에서 발견한 증거에 의하면, 당시 이
방 종교 숭배자들은 살아 있는 아이들의 가슴을 열
어 심장을 꺼내고 아직도 벌떡거리는 심장을 피와 함
께 태양신에게 제물로 바쳤다는 것이다. 바로 이러한
극악한 행위 때문에 하나님은 이스라엘 백성으로 하
여금 그들을 땅 위에서 완전히 쓸어 버리라고 명령한
것이다. 하나님이 그들을 멸절하도록 명령하신 의도
를 잘 이해해야 한다. 그러나 하나님은 예수님이 재림
하실 때 이 세상을 거룩하게 하시고 하나님의 왕국

---

17) 출애굽기: 히브리어로 쉐모트(Shemot).
18) 레위기: 히브리어로 바이크라(Vayikra).

을 세우실 것이다. 또한 여호수아 10장 11절의 돌우
박은 소돔과 고모라의 심판을 연상케 해주는데, 말시
온이 살던 시대도 소돔의 시대와 별 다를 바 없었다.

④ 예수님은 배우자가 간음한 경우에는 이혼을 인정하
신다. 한편 율법은 중혼을 지지하지 않음을 알아야
한다. "또 그는 자기를 위해 아내를 많이 두어 자기
마음이 돌아서지 않게 하며 자기를 위해 은금을 많
이 쌓지 말지니라."(신[19] 17:17)고 말씀하고 있다.

⑤ 안식일은 천지창조 때부터 주어진 것이다. 예수님과
사도들[20]이 안식일을 지켰을 뿐 아니라 이방인 신자
들도 그들과 마찬가지로 안식일에 하나님을 경배하고
말씀을 배웠다. 주일예배는 이방 종교로부터 들어온
잘못된 관행이다.

⑥ 여리고 성 주위를 돌기 시작한 날이 첫째 날(일요일)이
라고 단정할 수 없으므로 일곱째 날이 안식일이 되는
것은 아니다. 그때는 유월절을 지낸 직후이므로 첫째
날은 무교절[21] 첫 날일 가능성이 많다. 야셀의 책[22]
에도 하나님은 둘째달 첫 날에 여호수아에게 말씀하
시는데, 이 날이 꼭 한 '주(週)'의 첫 날은 아니라는 것

---

19) 신명기: 히브리어로 데바림(D'varim).

20) 사도들: 히브리어로 쉴리힘(Shlichim).

21) 무교절: 히브리어로 하그 하마짜(Chag haMatzah).

22) 야셀의 책: book of Jasher(영), Sepir Ha Yasher(히), 문자적으로 '의로운 자의 책'이라
는 뜻이다. 정경에 포함되지 못한 외경 중 하나로서 내용은 모세오경과 비슷하다.

이다. 말시온의 생각은 하나님의 주권을 약화시킨다. 하나님은 모든 것을 자신의 주권하에 행하시므로 피조물인 인간이 그것을 판단해서는 안 된다.

⑦ 놋뱀은 뱀에 물린 자들을 살리기 위한 것이다. 놋뱀을 바라본 자들은 모두 구원 받았다. 십자가에 달려서 고난받는 종[僕]이신 예수님을 바라보는 자마다 사탄[23]에게 물린 상처로부터 나음을 얻은 것이다. 광야의 이스라엘 백성은 놋뱀을 숭배한 것이 아니다. 말시온은 하나님 말씀을 바로잡아 주려는 잘못을 범한다.

⑧ 은혜가 풍성하신 하나님이 "아담아, 네가 어느 있느냐?"라고 물으신 것은 비록 아담과 하와가 범죄했지만 그들이 마음을 가다듬을 수 있는 시간적 여유를 주시기 위함이었다. 말시온은 하나님의 자비를 무시한다.

⑨ 주교(bishop)였던 아버지의 영향 때문에 말시온은 헬레니즘적 시각으로 '기독교'를 바라보았다.

⑩ 성경에는 일관되게 흐르는 하나님의 언약(Covenant)[24]이 있는데, 말시온은 이것을 신, 구약으로 구분해 버렸다. 이방인 신학자들은 예레미야 31장 31-34절에 나타나는 언약이 유대인을 중심으로 한 예수님의 사

---

23) 사탄: 히브리어로 하사탄(haSatan).
24) 언약: 예레미야31:31-34 참조.

역과 연관되어야 함에도 불구하고, 이를 자신들의 교
리에 아전인수(我田引水) 격으로 해석하고 만다.

위에서 살펴본 바와 같이 초기 교부들은 성경을 마음대로 꺾고
비틀어 버리는 행태를 보였다. 혹자는 "언어 때문에 발생하는 사소
한 교리 차이가 무슨 그렇게 큰 문제가 되겠느냐?"고 반문할지 모
른다. 그러나 이런 것들을 '사소하다'고 생각하는 사람들은 관점을
달리할 필요가 있다. 예를 들어 어떤 사람이 집에서 쿠키를 굽는데,
밀가루 반죽에 가축의 똥이 조금 들어갔다고 치자. 당신이라면 "똥
이 아주 조금밖에 안 들어갔으니까 상관없어." 하면서 아무런 스스
럼없이 그것을 먹겠는가? 물론 먹지 않을 것이다. 똥은 아무리 소량
이라 하더라도 전체를 더럽히기 때문이다. 마찬가지로 하나님의 순
수한 말씀도 이방 종교의 누룩과 철학 등으로 부패되는 것이다.

제3장

율법으로의 회귀(回歸)

　여러분이 이 책의 제1장과 제2장을 읽으셨다면, 다음과 같은 질문을 제기하고 싶을 것이다. "예수님이 십자가에 달려 죽으신 사건이 하나님의 **영원한** 율법을 무효화하는가?"

　초기 기독교 시대에는 신자들이 교리적으로 잘못된 길을 걸어갔어도 나름대로 변명할 이유는 있다. 일반 신도들은 자신의 성경을 소유하지 못하고 탐독할 수 있는 기회가 없었으므로 오직 랍비들의 가르침에 맹목적으로 수긍할 수밖에 없었던 것이다. 그러나 오늘날의 신자들에게는 그러한 변명이 통하지 않는다. 오늘날에는 누구나 성경을 소유할 수 있음에도 불구하고 초기 교부들의 교리를 신봉하거나 자신이 속한 교회 지도자의 가르침을 비판 없이 수용해 버리는 이유가 무엇일까? 그들은 자신들이 성경적 진리로부터 점점 멀어지는 길을 가고 있음을 깨닫지 못한다. 왜 스스로 하나님의 말씀을 읽지 않고 교회 지도자의 가르침에 무엇인가 빗나간 점이 있어도 소리 높여 의문을 제기하지 않을까?

예를 들어 다음과 같은 질문을 해보라. 왜 세상에는 수많은 교파가 존재할까? 그 질문에 대한 답변은 이것이다. 즉 모든 교파들은 성경의 **반쪽**만 보고 하나님의 **율법을 무시**하기 때문이다. 율법은 하나님이 어떤 분이시고, 하나님은 어떻게 경배받기 원하시며, 자신의 백성들이 어떻게 이웃과 더불어 살아가야 하는지에 대해 소상히 가르쳐 준다. 율법을 무시하는 것은 소설을 읽을 때 중간부터 읽는 것과 비슷하다. 필자가 지금 말하고 있는 대상은 바로 기독교이다. 기타 다른 종교에 대해서는 따로 언급할 필요조차 없다. 그들은 모두 심판 날에 그들 자신의 십자가를 지고 형벌을 받을 것이다.

수많은 교파가 존재하는 것은 서글프지만 사실이다. 그러한 교파에 속한 대부분의 크리스천들은 예레미야 31장을 언급하면서, "하나님은 **은혜**에 기초한 새 언약을 우리에게 주셨으므로 예수님을 믿기만 하면 천국에 갈 수 있어요."라고 거침없이 말한다. 그들에게 필자는 묻고 싶다. "은혜를 받으면 율법을 무시해도 된다는 교리가 언제부터 시작되었나요?"

예레미야 31장 31절을 자세히 읽어보면, **새 언약**(new Covenant)은 이방인들이나 특정 교파와 맺어지는 것이 아니라, **이스라엘 집 및 유다 집과 맺어짐**을 알 수 있다.

(렘 31:31) 주가 말하노라. 보라, 날들이 이르리니 내가 **이스라엘의 집과 유다의 집과 새 언약을 맺으리라.**

하나님이 이방인과 '새' 언약을 맺을 수조차 없는 이유는 그들과 '옛' 언약을 맺으신 일이 없기 때문이다. 이미 존재하는 언약이 없으므로 갱신(更新)된 언약이 체결될 수 없는 것이다. 그러나 하나님은 자신의 은혜와 긍휼을 이방인에게까지 확장하셨다. 이방인일지라도 누구든지 예수님을 믿기만 하면 이스라엘 백성으로 인정되는 것이다.

> (롬 11:16-20) 첫째 열매가 거룩하면 덩어리도 거룩하고 뿌리가 거룩하면 가지들도 그러하니라. [17]또한 그 가지들 중에서 얼마가 꺾이고 야생 올리브나무[25]인 네가 그들 가운데 **접붙여져서** 그들과 함께 올리브나무[26]의 **뿌리와 기름짐에 참여**하게 되었을진대 [18]그 가지들을 향해 자랑하지 말라. 자랑할지라도 네가 뿌리를 지탱하지 아니하며 뿌리가 너를 지탱하느니라. [19]그러면 네가 말하기를, 그 가지들이 꺾인 것은 내가 접붙여지게 하려 함이라 하리니 [20]옳도다, 그들은 믿지 아니하므로 꺾이고 너는 믿음으로 말미암아 서 있느니라. 높은 마음을 품지 말고 도리어 두려워하라.

또한 하나님은 이스라엘에게 말씀하신다.

---

25) 야생 올리브나무: 이방인.

26) (좋은) 올리브나무: 이스라엘.

(잠 4:2) 내가 너희에게 선한 가르침을 주나니 너희는 내 **법**을 버리지 말라.

네짜리 아람어/영어 병행 성경은 예레미야 31장 31절의 **새 언약**에 관해 히브리서 8장과 연관시켜 다음과 같이 설명함으로써 오해의 소지를 없앤다.

(히 8:10-13) 그 날들 이후에 내가 **이스라엘의 집과 맺을 언약**은 이것이니 곧 내가 내 법들을 그들의 생각 속에 두고 그들의 마음속에 그것들을 기록해 나는 그들에게 하나님이 되고 그들은 내게 한 백성이 되리라. [주]가 말하노라. ¹¹그들이 각각 자기 이웃과 각각 자기 형제를 가르쳐 말하기를, [주]를 알라 하지 아니하리니 이는 가장 작은 자로부터 가장 큰 자에 이르기까지 다 나를 알 것이기 때문이라. ¹²내가 그들의 불의에 대해 긍휼을 베풀고 다시는 그들의 죄들과 그들의 불법들을 기억하지 아니하리라 하시느니라. ¹³그분께서 **새 언약**이라고 말씀하심으로써 첫 언약을 낡은 것으로 만드셨으니 이제 쇠하고 낡아지는 것은 **곧 사라지리라.**

13절의 '곧 사라지는 것'은 **율법**이 아니라 율법에 순종치 않는 인간의 **죄성**이다. 하나님이 율법을 어긴 것이 아니고, 인간이 불순종함으로써 하나님의 율법을 어겼음을 주지하라. 하나님은 이스라엘이 율법을 지키지 않는다고 해서 율법의 기준을 완화시켜 주신 것이 아니다. 하나님은 오히려 성령님을 통해 **갱신된**(renewed) 언약을 우리의 마음판에 기록하셨으며, 예수님을 통한 새 언약으로 율법의 기준을 더욱 강화시키셨다. 이사야 42장 21절에 보면 하나님께서 율법을 크게 하며 그것을 존귀하게 하신다고 되어 있다. 율법을 어긴 인간에게도 하나님은 은혜를 베푸신다. 위에서 인용한 히브리서 8장 13절은 율법을 지키지 않는 크리스천들이 자신들의 주장을 펼칠 때 요긴하게 사용하는 구절이다. 율법은 썩었고 이제 곧 없어진다는 주장이다. 그러나 이러한 주장은 진리에서 한참 떨어진 궤변일 뿐이다. 베드로후서 3장 16절은 다음과 같이 경고한다. "그 안에 깨닫기 어려운 것이 더러 있으므로 배우지 못해 불안정한 자들이 다른 성경 기록들과 같이 그것들도 왜곡하다가 스스로 파멸에 이르느니라."

하나님이 우리에게 '새'언약을 주셨지만, 다음과 같은 것들은 바뀌지 않고 원래대로 계속 유지된다.

① 율법(토라)
② 하나님의 섭리
③ 불순종에 대한 형벌
④ 하나님의 약속

그러면 우리에게 새 언약을 주셨다는 것은 어떤 점에서 새롭게 되었다는 것인가? 다음에 열거한 것들이다.

예수님의 사역: 옛 언약 하에서는 **모세**가 이스라엘 백성을 인도했으나, 새 언약 하에서는 예수님이 모세가 신명기 18장에서 언급한 **그 대언자**로서 인류의 구속사역을 완수하셨다.

> (신 18:18-19) 내가 그들의 형제들 가운데서 **너와 같은 대언자** 하나를 그들을 위해 일으키고 내 말들을 그의 입에 두리니 내가 그에게 명령할 모든 것을 그가 그들에게 말하리라. ¹⁹누구든지 그가 내 이름으로 말할 내 말들에 귀를 기울이지 아니하면 내가 그에게 그것을 요구하리라.

마음판에 적힌 율법: 새 언약 하에서는 율법이 신자의 마음판에 기록된다(대체된 것이 아니다). 이것은 예레미야 31장 33절의 성취이기도 하다.

> (렘 31:33) 그러나 내가 이스라엘의 집과 맺을 언약은 이것이니 곧 그 날들 이후에 내가 내 법을 **그들의 속 중심부에 두고 그들의 마음속에 그것을 기록**해 나는 그들의 하나님이 되고 그들은 내 백성이 되리라. 주가 말하노라.

율법이 마음판(혹은 마음속)에 기록되었다는 것은 위선적으로 율법을 지키는 것이 아니라 **마음을 다해** 율법을 지키는 것을 의미한다. 태어날 때부터 율법을 지키고자 하는 마음을 가지고 태어난다는 의미가 아니다.

제사장: 예수님의 대제사장직은 아론으로부터 계승된 것이 아니고 멜기세덱의 반차[27]를 따른 것이다. 다윗 왕의 시편 110편의 성취이기도 하다.

(시 110:1-4) (다윗의 시) 주께서 내 [주]께 말씀하시기를, 내가 네 원수들을 네 발받침으로 삼을 때까지 너는 내 오른편에 앉아 있으라, 하셨도다. 2주께서 시온으로부터 주의 능력의 막대기를 보내시리니 주는 주의 원수들의 한가운데서 다스리소서. 3주의 권능의 날에 주의 백성이 아침의 태에서 나오는 거룩함의 아름다움들 속에서 자원하리니 주께는 주의 젊음의 이슬이 있나이다. 4주께서 맹세하셨고 또 뜻을 돌이키지 아니하시리라. 이르시기를, 너는 **멜기세덱의 계통에 따른 영원한 제사장**이라, 하셨도다.

희생제사: 흠없는 동물들이 모세의 율법에 따라 희생제물이 되었으나, 새 언약 하에서는 예수님 자신이 희생헌물이 되셨다. 시편 40편의 성취이기도 하다.

(시 40:6-9) 희생물과 헌물은 주께서 원치 아니하셨나이다. 내 귀를 주께서 여셨고 **번제 헌물과 죄 헌물**은 주께서 요구하지 아니하셨나이다. 7그때에 내가 말하기를, 보시옵소서, 내가 오나이다. **두루마리 책에 나를 가리켜 기록된 것이** 있나이다. 8오

---

27) 반차(班次): 신분, 등급의 차례.

나의 하나님이여, 내가 주의 뜻 행하기를 기뻐하오니 참으로 주
의 법이 내 마음속에 있나이다, 했나이다. ⁹내가 큰 회중 가운
데서 의를 선포했사오니, 보소서, 오 주여, 내가 내 입술을 금하
지 아니한 것을 주께서 아시나이다.

사도 바울이 말한 대로 예수님은 우리의 **죄 헌물**(Sin offering)이 되
셨다. 영생을 얻는 유일한 방법은 십자가에서 흘리신 예수님의 보
혈을 믿는 것이다. 영생이란 말의 정의는 요한복음 17장 3절에 나타
나 있듯이 하나님과 예수님을 **아는 것**이다. 그렇다면 어떻게 알 수
있는가? 그분의 명령을 지킴으로써 알 수 있다. 율법을 준수하는
신자들이 크리스천에게 "율법을 지켜야 한다!"라고 권면하면, 그들
은 "율법을 지킴으로써 구원을 받으려 해서는 안 된다"고 성급하게
결론을 내려 버리고 율법 준수를 거부한다. 율법을 지킴으로써 구
원을 받으라는 말이 절대 아니다. 사람은 율법의 행위로 구원에 이
르지 못한다. 우리의 선행이나 간절한 기도가 우리를 천국으로 인
도하는 것이 아니다. 그럼에도 불구하고 우리가 율법을 지켜야 하
는 이유는 **하나님께서 율법을 지키라고 명령하셨기 때문**이다. 또한
율법이 마음판에 기록되었기 때문에 마음속에서 우러나와 자발적
으로 율법을 지키려는 의도가 생겼기 때문이기도 하다. 하나님은
그분의 의로운 율법을 폐지하신 적이 없다.

율법이란 무엇인가?

율법이 무엇인가 알기 위해 일단 율법이 아닌 것부터 아는 것이 필요하다. "율법은 율법주의가 아니다!"라는 것이다.

대부분의 크리스천들은 율법이 폐해졌다고 알고 있지만, 율법은 폐해지지 않았다. 율법은 하나님이 원래 주신 훈계로서 의로운 삶을 살기 위한 청사진 같은 것이다. 율법은 성경의 처음 다섯 권의 성경을 의미하며, 모세오경(Pentateuch)이라고도 불린다. 율법은 **영원한** 하나님의 명령인데, 역대하 7장 14-22절에 잘 나타나 있다.

> (대하 7:14-22) 내 이름으로 불리는 내 백성이 자기를 낮추고 기도해 내 얼굴을 구하고 자기들의 악한 길에서 떠나면 내가 하늘에서부터 듣고 그들의 죄를 용서하며 그들의 땅을 고치리라. ¹⁵이제 이곳에서 드리는 기도에 내가 눈을 열고 귀를 기울이리니 ¹⁶이는 내가 이제 이 집을 택하고 거룩히 구별해 내 이름이 거기에 영원히 있게 하려 하였기 때문이라. 내 눈과 내 마음이 영구히 거기에 있으리라. ¹⁷너로 말하건대 네가 만일 네 아버지 다윗이 걸은 것같이 내 앞에서 걸으며 **내가 네게 명령한 대로 다 행하고 내 법규와 내 법도를 지키면** ¹⁸내가 전에 네 아버지 다윗과 언약을 맺어 이르기를, 이스라엘에서 치리자가 될 사람이 네게 끊어지지 아니하리라, 한 대로 네 왕국의 왕좌를 굳게 세우려니와 ¹⁹만일 너희가 돌이켜서 내가 너희 앞에 둔 내 법규와 내 명령을 버리고 가서 다른 신들

을 섬기고 그들에게 경배하면 20내가 그들에게 준 내 땅에서 그들을 뿌리째 뽑아내며 내 이름을 위해 내가 거룩하게 구별한 이 집도 내 눈앞에서 던져 버리고 모든 민족들 가운데서 그것이 속담거리와 웃음거리가 되게 하리라. 21높이 솟은 이 집이 그 옆으로 지나가는 모든 자에게 놀라움이 되니 그러므로 그가 이르되, 주께서 무슨 까닭으로 이 땅과 이 집에 이같이 행하셨는가? 하면 22사람들이 대답하기를, 그 까닭은 그들이 자기 조상들을 이집트 땅에서 데리고 나오신 주 곧 자기 조상들의 하나님을 버리고 다른 신들을 붙들며 그들에게 경배하고 그들을 섬겼기 때문이라. 그러므로 그분께서 이 모든 재앙을 그들에게 내리셨도다 하리라, 하셨더라.

아브라함과 이삭과 야곱의 하나님을 경외하며 경배하기를 원했던 **타국인들**은 오늘날의 이방인 신자들을 예표하는 모형이다. 바로 이 글을 읽고 있는 당신도 이스라엘이 될 수 있는 것이다. 갈라디아서 3장 27-29절에 의하면, 예수님 안에서는 유대인이나 이방인의 구분이 없고 모두 **하나**이다. 모두 아브라함의 자손이요 약속에 따른 상속자가 된다는 것이다. 그러나 아브라함의 자손인 크리스천들은 예수님도 아브라함의 자손으로서 이 땅에 오셔서 율법을 준수하시고 안식일과 음식 규례 등을 지키셨다는 사실을 무시하거나 망각해 버린다.

(요 10:30) 나와 내 [아버지는 **하나**이니라, 하시니라.

어떻게 이것보다 더 간단명료하게 설명할 수 있겠는가? 예수님과 하나님은 **한 분**이시다. 하나님은 어제나 오늘이나 영원무궁토록 동일하시다. 하나님은 구약의 율법을 지키시는 예수님을 보내셨고, 우리도 예수님을 따라 율법을 지키기 원하신다. 하나님이 언제 율법을 십자가에 못박고 율법을 저주하셨는가? 크리스천들은 하나님의 가장 근본적인 속성조차도 이해하지 못하기 때문에 비(非) 진리를 따른다.

인간의 의롭고 거룩한 삶을 위해 주어진 율법은 단지 임시적으로 주어진 것이 아니다. 하나님은 자신의 **영원한** 명령을 지키는 자들만이 그의 백성이 될 것이라고 분명히 말씀하셨다. 하나님의 말씀만이 영원하며, 바로 이 사실 때문에 이방 종교와 구별되는 것이다. 그러면 이제 하나님의 **영원한** 명령에는 어떤 것들이 있는지 살펴보자.

먼저 아브라함과 그의 자손에게 속한 이스라엘 **땅**에 관한 것이다.

> (창 13:15) 네가 보는 모든 **땅**을 내가 너와 네 씨에게 영원히 주리라.

또한 **유월절**에 관한 것이다.

> (출 12:24) 너희는 이것을 너와 네 아들들에게 규례로 삼아 영원토록 지킬 것이요,

절기들과 안식일에 관한 것이다.

(출 31:12-14) 주께서 모세에게 말씀해 이르시되, [13]너는 또 이스라엘 자손에게 말해 이르기를, 너희는 진실로 **내 안식일을 지킬지니라.** 그것은 너희 **대대로 나와 너희 사이에 있을 표적**이니 이것은 내가 너희를 거룩히 구별하는 주인 줄을 너희가 알게 하려 함이니라. [14]그러므로 너희는 안식일을 지킬지니 그것은 너희에게 거룩하니라. 안식일을 더럽히는 자는 다 반드시 죽일지니 누구든지 그 날에 일하면 그 혼은 자기 백성 가운데서 끊어지리라.

(레 23:2) 이스라엘 자손에게 말하고 그들에게 이르라. 너희가 거룩한 집회로 선포할 **주의 명절**들에 관하여는 이것들이 곧 나의 명절들이니라.

그런데 **이스라엘 자손**이란 누구를 지칭하는가? 아브라함과 이삭과 야곱의 하나님을 따르고 섬기는 모든 자들이다. 예수님을 믿는 자들은 모두 이스라엘에 접붙임을 받은 **영적 이스라엘 자손**이 된다는 진리는 아무리 강조해도 지나치지 않다. 만일 당신이 영적 이스라엘 자손이 되었다고 고백한다면, 반드시 율법을 지키고 정결한 음식만을 섭취하고 안식일과 절기들을 지켜야만 한다. (절기들은 예수님의 사역에 대한 그림자인데, 예수님의 초림, 부활, 성령강림으로 7절기 중 4절기가 성취되었다. 나중에 보다 자세히 다루도록 하겠다.)

(출 31:16-17) 그러므로 이스라엘 자손이 안식일을 지키되 그들의 대대로 안식일을 준수해 영속하는 언약으로 삼을 것이니라. 17안식일은 나와 이스라엘 자손들 사이에 있을 **영원한 표적**이니 이는 주가 엿새 동안에 하늘과 땅을 만들고 일곱째 날에 안식하며 상쾌하게 되었기 때문이니라, 하라.

안식일은 하나님의 **표적**(sign)임을 기억하라. 창조주인 자신의 주권을 온 천하에 선포하는 표시인 것이다. 안식일을 지킴으로써 하나님의 백성은 우상 숭배자나 무신론자들과 구별된다!

하나님의 인(印)을 받은 자[28]는 예수님의 증거만 가진 자가 아니라 예수님처럼 율법을 준수하는 자가 되어야 한다. 예수님 자신도 음식 규례, 안식일, 절기 등을 지켰음을 기억하라.

(계 12:17) 용이 여자에게 진노해 그녀의 씨 중에 남은 자들 곧 **하나님의 명령들을 지키고 예수 그리스도의 증언을 가진 자들**과 전쟁을 하려고 나아가니라.

(계 14:12) 여기에 성도들의 인내가 있나니 곧 여기에 **하나님의 명령들과 예수님의 믿음을 지키는 자들**이 있느니라, 하더라.

예수님의 믿음을 지키는 자들이란 예수님이 친히 보여주신 모범에 따라 율법을 온전히 준수하는 자들을 말한다. 예수님은 자신이 십

---

28) 하나님의 인: (창 4:15, 겔 9:4, 요 6:27, 고후 1:2, 엡 1:13, 4:30, 딤후 2:19).

자가에서 죽은 후에는 율법을 창밖으로 내던져 버려도 좋다고 말씀하신 적이 없다. 하나님의 명령들과 예수님의 믿음을 지키는 자들은 절대로 율법 폐기론자들이 아니다. 하나님의 명령들이란 단지 십계명만을 의미하는 것이 아니라 하나님의 **모든** 명령들을 의미한다. 하나님의 명령을 지키지 않는다면 우리가 이교도들과 다를 바가 무엇인가?

하나님은 이스라엘의 자손들이 이방국가를 따라가거나 그들의 가증한 행위를 본받지 말라고 누누이 경고하셨다.

> (신 18:9-14) 주 네 하나님께서 네게 주시는 땅에 들어가거든 **너는 그 민족들의 가증한 것들을 따라 행하는 것을 배우지 말며** [10]자기 아들이나 딸을 불 가운데로 지나가게 하는 자나 점을 치는 자나 때를 관찰하는 자나 요술하는 자나 마녀나 [11]마법사나 부리는 영들에게 묻는 자나 마술사나 강신술사가 너희 가운데 있지 못하게 할지니라. [12]이런 일들을 행하는 자는 다 주께 가증한 자니 이런 가증한 일들로 인해 주 네 하나님께서 그들을 네 앞에서 쫓아내시느니라. [13]너는 주 네 하나님께 대해 완전할지니라. [14]네가 소유할 이 민족들은 때를 관찰하는 자나 점을 치는 자의 말에 귀를 기울였으나 너에 관하여는 주 네 하나님께서 그렇게 하는 것을 허락하지 아니하셨느니라.

대체신학(Replacement theology)

일부 크리스천들은 하나님께서 유대인들을 저주하셨고 그들 대신에 이방신자의 **교회**를 자신의 백성으로 대체하셨다고 생각한다. 따라서 그들은 구약성경의 율법은 받아들일 필요가 없다고 판단한다. 다음 구절은 "유대인들이 영원히 저주 받았다!"라는 그들의 신학을 지지하기 위해 증거(?)로서 제시하는 구절이다.

> (마 27:25) 이에 온 백성이 응답해 이르되, 그의 피가 우리와 우리 자손에게 돌아오리이다, 하니라.

윗구절은 피의 저주가 영원히 유대인에게 임했다는 의미인가? 아니다! 이 구절은 하나님이 아버지들의 불법을 자손들에게 벌해 **삼사 대까지** 이르게 한다고 기록된 출애굽기 20장 5절과 연관시켜야 한다. 예수님이 만일 무죄하다면 예수님을 죽인 대가로 자신들의 자손 4대까지만 저주를 감수하겠다는 의미이다. 산헤드린(Sanhedrin)[29]의 이러한 결정은 예수님을 사형시키지 않을 경우 예수님으로 말미암은 소요 때문에 로마군에 의해 유대 전체가 완전히 멸망할지도 모른다고 생각했기 때문이다. 이러한 상황은 요한복음 11장 48절에 잘 나타나 있다. 따라서 예수님을 죽인 이유 때문에 유대인은 영원히 피의 저주를 받았다고 생각해서는 안 된다. 모세[30]는 이스라엘

---

29) 산헤드린: 종교상, 사법상의 재판권을 가진 유대인들의 최고 의결기관.
30) 모세: 히브리어로 모쉐(Moshe).

자손에게 다음과 같이 권면했다.

(신 7:6-8) 너는 주 네 하나님께 거룩한 백성이니라. 주 네 하나님께서 지면 위의 모든 백성들 위로 너를 높여 자신에게 **특별한 백성**으로 택하셨나니 [7]주께서 너희를 친히 사랑하시고 너희를 택하신 것은 너희가 다른 백성보다 수가 많기 때문이 아니니라. 너희는 모든 백성들 중에서 수가 가장 적으니라. [8]다만 주께서 너희를 사랑하셨으므로 또 너희 조상들에게 하신 맹세를 지키려 하시므로 주께서 자신의 강한 손으로 너희를 데리고 나오시고 너희를 노예들의 집에서 이집트 왕 파라오의 손에서 구속하셨나니

또한 예레미야 선지자는 다음과 같이 기록했다.

(렘 31:36) 만일 그 규례들이 내 앞에서 떠나 없어진다면 그때는 이스라엘의 씨도 내 앞에서 끊어져 영원히 민족이 되지 못하리라. **주가 말하노라.**

아울러 이사야 선지자도 다음과 같이 대언했다.

(사 66:22-23) 내가 만들 새 하늘들과 새 땅이 내 앞에 남아 있을 것같이 너희 씨와 너희 이름도 **남아 있으리라.** 주가 말하노라. 23. 주가 말하노라. 월삭부터 다음 월삭까지, 안식일부터

다음 안식일까지 모든 육체가 내 앞에 나아와 경배할 것이요,

위와 같은 구절들을 살펴보건대, 그 누구도 하나님의 선택받은 백성인 이스라엘을 대체하지 못한다. 또한 하나님의 영원한 율법은 현대 크리스천들의 교리에 걸맞도록 수정되거나 변경되지도 않는다. 크리스천들은 하나님을 아브라함과 이삭과 야곱의 하나님이 아니라 전혀 다른 신(神)으로 분장(扮裝)시켜 버렸다. 기독교는 예수님을 파란 눈과 긴 머리의 아도니스(Adonis)[31]처럼 묘사한다. 그러나 예수님은 탈리트(tallit)를 걸치고 율법을 준수하는 유대 남자이다.

로마서11장에서 사도 바울은 야생 올리브나무인 이방인이 좋은 올리브나무인 이스라엘에 접붙여져서 함께 올리브나무의 뿌리와 기름짐에 참여하게 되었다고 말한다. 또한 이방인들은 이스라엘을 향해 자랑하지 말라고 하는데, 그 이유는 뿌리가 가지를 지탱하기 때문이다. 하나님께서 본래의 가지들도 아끼지 아니하셨으므로 또한 그분께서 이방인을 아끼지 아니하시고 언제든지 꺾어 버릴 수 있기 때문이다.

이방인이 접붙임되었다는 것은 이방인이 이스라엘을 대체했다는 의미가 결코 될 수 없다. 기독교에는 여러 교파가 존재하지만, 하나님의 왕국에는 그러한 교파들이 없다. 오직 이스라엘만이 있을 뿐이다. 당신이 접붙임되었다는 것은 당신이 하나님께 거룩하게 구별되는 특권을 소유하는 것이다(롬 12:1). 권리는 의무를 수반하듯이

---

31) 아도니스: 미소년(美少年), 고대 그리스 신화 속에서 아프로디테와 페르세포네의 사랑을 동시에 받았던 아름다운 청년.

영적 이스라엘의 신분을 획득한 당신에게는 율법을 준수할 의무도
부과된다.

(신 5:29) 다만 그들이 이 같은 마음을 품어 항상 나를 두려워
하며 **내 모든 명령을 지켜서** 그들과 그들의 자손들이 영원히
잘되기를 원하노라!

(겔 20:11-12) 사람이 행하면 그 가운데서 살게 될 내 법규를
그들에게 주며 내 법도를 보여주었고 12. 또 그들에게 내 안
식일도 주어 나와 그들 사이에 표적이 되게 하였나니 이것은
내가 그들을 거룩히 구별하는 주인 줄 그들이 알게 하려 함
이었노라.

제4장
율법의 기원(起源)

율법의 기원은 천지창조 때까지 거슬러올라간다. 하나님은 아담과 하와에게 선악을 알게 하는 나무(the tree of the knowledge of good and evil)의 실과를 먹지 말라는 단 한 가지 율법을 주었다.

> (창 2:16-17) 주 하나님께서 남자에게 명령해 이르시되, 동산의 모든 나무에서 나는 것은 네가 마음대로 먹어도 되나 ¹⁷**선악을 알게 하는 나무에서 나는 것은 먹지 말라.** 그 나무에서 나는 것을 먹는 날에 네가 반드시 죽으리라, 하시니라.

하나님의 율법은 간단명료했다. 생명나무(tree of life, 창 2:9)를 포함해 모든 과실을 먹어도 되나 다만 선악과만은 먹지 말라는 것이다. 선악과를 먹는 날에는 **정녕 죽으리라**고 말씀하셨다(정녕 죽는다는 의미는 즉시 죽는다는 의미가 아니라 **반드시 죽는다**는 의미이다). 아담과 하와가 사탄의 유혹을 물리치고 하나님의 율법을 지켜냈으면 좋았으련만,

결과는 정반대였다.

여기서 우리는 하나님의 율법을 깨뜨린 대가는 누군가의 죽음을 요구한다는 암시를 받는다. 창세기 3장 21절에 보면 하나님께서 아담과 하와에게 가죽옷을 만들어 입히시는데, 그들에게 가죽옷을 제공하기 위해 무죄한 동물이 죄 헌물로 죽었음을 의미한다. 아마도 아담이 귀여워하고 이름도 지어 주었던 어린 양(羊)일 것이다.

불순종으로 인해 아담과 하와가 에덴동산으로부터 추방된 직후부터 인류에게는 투쟁의 역사가 시작되었다. 하나님께 드리는 헌물과 관련해 가인은 동생 아벨을 질투하며 급기야는 동생을 살해하는 비극이 발생한다.

> (창 4:2-7) 이브가 또 그의 동생 아벨을 낳았는데 아벨은 양을 지키는 자였으나 가인은 땅을 가는 자였더라. ³시간이 흐른 뒤에 **가인은 땅의 열매 중에서** 헌물을 가져와 주께 드렸고 ⁴**아벨도 자기 양떼의 첫 새끼들과 그것들의 기름 중에서 가져왔는데** 주께서 아벨과 그의 헌물에는 관심을 가지셨으나 ⁵가인과 그의 헌물에는 관심을 갖지 아니하셨으므로 가인이 몹시 분을 내고 그의 얼굴빛이 변하니라. ⁶주께서 가인에게 이르시되, 네가 어찌하여 분을 내느냐? 어찌하여 네 얼굴빛이 변하였느냐? ⁷네가 잘 행하면 너를 받지 아니하겠느냐? 그러나 네가 잘 행하지 아니하면 죄가 문에 엎드려 있느니라. 그의 열망이 네게 있으리니 너는 그를 다스릴 것이니라, 하시니라.

여기서 한 가지 의문점이 생긴다. 인간이 하나님께 죄 헌물을 바쳐야 할 의무가 있다는 것을 가인과 아벨은 어떻게 알았을까? 또 하나님은 왜 아벨의 죄 헌물은 받으시고 가인의 죄 헌물은 물리쳤을까? 하나님은 즉흥적으로 일을 처리하는 분이신가? 아니다! 윗구절은 가인과 아벨이 선과 악을 구분할 수 있는 능력을 가지고 있었다는 증거가 된다. 그들은 또한 죄 헌물을 드리는 규례에 대하여도 잘 알고 있었다. 모든 정황은 창조 당시부터 하나님의 율법이 존재했음을 증거한다.

(히 9:22) 율법에 따라 거의 모든 것이 피로써 깨끗하게 되나니
피 흘림이 없은즉 사면이 없느니라.

비록 성경에는 하나님이 최초 인류에게 죄 헌물을 드리는 방법을 언제 어디서 지시하셨는지 기록되어 있지 않지만, 하나님의 명령이 대대로 전수되었음은 분명하다. 그러나 동물로 죄 헌물을 드리는 것은 우리의 구주 예수님이 오셔서 영원히 단번에 자신의 몸으로 죄 헌물을 드림으로써 영원히 폐해졌다.

중요한 점은 비록 인간이 죄성을 지녔지만 그것이 인간과 하나님과의 관계를 완전히 단절시키지는 않는다는 것이다. 인간이 범죄한 결과로 사망의 형벌을 선고받기는 했지만, 하나님은 인간과의 관계를 완전히 끝내지 않으시고 그분의 오래 참으심과 긍휼을 보여주셨다.

노아와 율법

로마서 6장 23절은 죄의 삯은 사망이라고 말한다. 노아의 시대 때 하나님의 율법이 버려지고 죄악이 관영(貫盈, 가득 참)했으므로 하나님은 홍수를 보내어 세상을 깨끗이 씻어 버렸다. 하나님은 오래 참으시고 긍휼이 많으시지만, **고의적인 범죄**는 용납하지 않으신다.

구약성경을 읽어 보면 하나님은 인간이 하나님과의 관계를 회복할 수 있도록 여러번 기회를 주었음을 알 수 있다. 그러나 그때마다 인간은 하나님께로 돌아오지 않았다. 하나님은 노아가 하나님 앞에서 **의로웠으므로** 그와 그의 가족만은 홍수로부터 구원해 보존하셨다(창 7:1). 홍수 이후에 하나님은 노아 및 그의 아들들과 새롭게 언약을 맺으시며 몇 가지 명령을 추가하셨다(창 9:1-17). 홍수 이후 지구상에 인구가 계속 증가했으므로 더 많은 율법조항이 필요하게 된 것이다.

독자는 창세기 7장 2-15절에서 하나님이 노아에게 **정결한** 짐승과 **부정한** 짐승을 방주에 넣으라고 명령한 사실을 알고 있는가? 또한 방주에서 나온 노아는 **정결한** 새와 짐승만을 제단에 번제(燔祭) 헌물로 드렸음을 알고 있는가? 정결한 것과 부정한 것에 대한 구체적인 명령은 출애굽기에 기록되어 있다. 하지만 적어도 무엇을 먹어야 하는지, 혹은 어떤 짐승이 헌물에 합당한지를 출애굽보다 훨씬 이전부터 인류는 알고 있었음이 분명하다. 앞서 언급한 대로 가인과 아벨도 헌물로 드리기에 합당한 짐승이 어떤 것인지 잘 알고 있었다.

창세기 9장은 노아의 세 아들[32]로부터 나온 여러 민족에 대한 기록이다. 중요한 것은 노아와 그의 아들들이 **히브리 민족이나 유대인이 아니라는 점**이다. 물론 가인, 아벨, 그리고 아담과 하와도 히브리 민족이나 유대인이 아니다. 그러나 그들은 모두 하나님의 율법을 지키려 했던 자들이다. **히브리**라는 용어는 창세기 12장에 아브람[33]으로부터 비로소 사용된다. 하나님은 아브람을 불러내어 히브리인이라 명칭하시고 그를 통해 인류를 구원하실 뜻을 가지고 계셨다.

지금까지 우리는 하나님의 율법은 아담 때부터 시작된 것임을 알았다. 죄 헌물에 합당한 동물, 정결한 짐승과 부정한 짐승 등에 관한 율법은 모세 이전의 인류에게 벌써 계시되었던 것임도 알았다. 따라서 교회 지도자들이 말하는 "유대인이 아닌 이방인 신자들은 율법을 지킬 필요가 없다!"라는 주장은 근거가 없다. 왜냐하면 원래 율법은 유대인에게만 주어진 것이 아니기 때문이다.

아브라함, 이삭, 야곱과 율법

성경을 읽어 보면 알 수 있듯이 하나님은 자신의 뜻을 계속해서 인간에게 전달하셨다. 하나님의 뜻은 시내산에서 모세에게 수여한 십계명에 잘 집약되어 나타나 있다(출 34:28). 시내산에서 율법을 수여받는 사건을 살펴보자.

---

32) 노아의 세 아들: 셈, 함, 야벳.
33) 아브람: 후에 아브라함으로 개명됨.

(출 19:3-6) 모세가 하나님께 올라가니 주께서 산에서 그를 불러 이르시되, 너는 이같이 야곱의 집에게 말하고 이스라엘의 자손에게 고하라. ⁴내가 이집트 사람들에게 행한 것과 또 내가 독수리 날개에 너희를 실어 내게로 데려온 것을 너희가 보았느니라. ⁵그러므로 이제 너희가 참으로 **내 목소리에 순종하고 내 언약을 지키면** 너희는 내게 모든 백성들보다 뛰어난 특별한 보배가 되리니 이는 온 땅이 내 것이기 때문이라. ⁶또 너희는 내게 제사장 왕국이 되며 거룩한 민족이 되리라. 네가 이스라엘의 자손에게 고할 말들이 이러하니라.

하나님은 이스라엘 백성에게 자신의 목소리에 순종하고 언약을 지키면 그들을 특별한 백성으로 만들겠다는 약속을 하셨고, 이스라엘은 하나님의 제안을 받아들였다(출 19:8, 24:3). 모세를 통한 언약(Mosaic covenant)이 성립된 것이다. "모세가 와서 주의 모든 말씀과 모든 법도를 백성에게 고하매 온 백성이 한 목소리로 응답해 이르되, 주께서 하신 모든 말씀을 우리가 행하리이다, 하더라."(출 24:3).

이스라엘 백성은 주께서 하신 **모든** 말씀을 행할 것이라고 응답했음을 주목하라. 그리고 이스라엘 백성 중에는 모세의 인도를 따라 이스라엘 백성과 함께 출애굽한 **타국인**도 포함되어 있음을 기억하라(출 12:38). 이스라엘이라 함은 히브리인이나 유대인만을 지칭하는 것이 아니고, 아브라함과 이삭과 야곱의 하나님이시며(출 12:49, 민 9:14) 어제나 오늘이나 영원히 동일하신(히 13:8) 하나님을 영접한 모든 사람을 포함한다는 사실은 아무리 반복하여 강조되어도 지나치지 않다. 하나님도 하나이고 율법도 하나이다. 또한 하나님의 눈앞에서 모든 자는 하나이다.

지금까지 배운 내용들을 음미하면서 다시 한번 다음과 같은 질문을 해보라. "정말로 예수님은 하나님의 거룩한 율법을 십자가에 못박으셨을까?"

율법과 제사장 체계

살펴본 바와 같이 거룩한 율법과 희생제사는 아담과 하와 때부터 존재해 왔다. 아담과 하와가 선악과를 먹고 범죄한 결과 온 인류에게 죄가 들어왔고 그에 대한 형벌이 주어졌으며, 속죄를 위한 희생제사가 필요하게 된 것이다.

속죄를 위한 희생제사는 언제나 무죄한 피를 흘려야 한다. 왜 꼭 피를 흘려야 하는가? 왜냐하면 피는 생명의 힘이고, 피가 없으면 죽기 때문이다. 그러면 왜 **무죄한** 동물인가? 죄가 없음에도 불구하고 자신을 대신해 죽는 동물을 바라보며 비통해 하라는 것이다! 죄인이 죽임을 당하지 않고 하나님 앞에서 살아가려면 누군가 그를 대신해 죽임을 당해야 하는 것이다.

아담의 자손들이 자식들을 낳아 인구가 조금씩 늘어날 당시에는 제사장 없이 각자가 자신의 희생 헌물을 드렸다. 각자가 제사장인 셈이다. 아벨, 노아, 멜기세덱, 욥, 아브라함, 이들은 모두 각각 제사장이었다.

이스라엘 백성의 수효가 늘어나면서 하나님과 백성을 중재할 제사장이 필요해졌다. 제사장 체계는 한 명의 대제사장과 여러 명의 일반 제사장으로 구성되었다. 대제사장은 하나님 앞에서 이스라엘 민족 전체를 대표했고, 일반 제사장은 이스라엘 백성 각각을 대신했다(대제사장의 임무에 대하여는 다음 구절들에 자세히 기록되어 있다. 출 28:6-42, 29:6, 39:27-29, 레 6:19-23, 21:10).

하나님의 아들로서 인간의 몸으로 성육신하신 예수님은 우리의 마지막 대제사장이 되셨다. 예수님은 자기 자신을 희생제물로 드리셨고 우리의 죄를 우리 대신 영원히 짊어지셨다. 우리에게 요구하시는 것은 최후의 죄 헌물로 십자가에서 흘리신 그분의 피를 **믿으라**는 것뿐이다. 그렇게 하는 자는 예수님 안에서 새로운 창조물이 되며 하나님의 모든 명령을 지키려는 열망을 가지게 된다(히 3:1, 요 3:15-18, 벧전 1:18-19, 요 10:8-9, 10:10, 고후 5:17-18, 마 1:21, 사 7:14).

또한 하나님은 우리를 그분의 제사장으로 세우셨다(벧전 2:5, 9, 계 1:6, 5:9-10)! 그러나 우리가 그분의 온전한 제사장이 되기 위해서는 그분의 모든 영원하신 명령들을 힘써 지켜야 한다. 하나님은 언제나 인간이 그분의 율법을 지키기를 원하시며, 범죄한 자들을 반드시 심판하신다.

지금까지 독자가 읽은 내용은 모세 전(前)에 살았던 하나님의 백성들이 어떻게 하나님을 섬겼는가 하는 것이다. 하나님은 우리가 순종하기에 불가능한 수많은 규례들을 우리 어깨에 올려 무거운 짐을 지게 하는 분이 아니시다! 하나님은 인간이 마땅히 행해야 하는 규범을 제시하시고 인간이 하나님과 친밀한 관계를 계속 유지하기를 원하시는 것이다.

하나님이 주신 거룩한 명령들은 다음과 같이 율법서의 여러 구절에 기록되어 있다(창 26:2-5, 출 15:25-27, 16, 20:6, 레 22, 26, 27, 민 15, 36, 신 4, 5, 6, 7, 8, 104, 11, 13, 26, 27, 28, 30, 31). 물론 더 많은 구절들에 하나님의 명령이 기록되어 있지만, 위의 구절만 읽어 보더라도 하나님의 명령의 대강을 파악할 수 있다. 하나님의 명령은 궁극적으로 인간을 위한 것이므로, 하나님은 자신의 모든 명령을 인간이 지키기를 원하신다.

우리가 명심해야 할 점은 율법이 모세를 **통해** 주어졌고, 율법을 만드신 분은 하나님이라는 사실이다. 모세가 율법을 제정한 것이 아니다. 하나님은 자신의 명령을 돌판에 기록해 모세에게 주었고, 모세는 그것을 이스라엘 백성과 하나님을 섬기기로 작정한 모든 이에게 전달해 준 것이다.

이제 독자는 하나님이 왜 자신의 율법을 **영원히** 세우시는지 깨닫겠는가(대하 7:14-22)? 인간에게 꼭 필요한 것이기 때문이다. 인간에게 이렇게도 소중하고 영원한 율법을 크리스천들은 왜 **저주**라고 고집하는가?

독자도 아는 것처럼 인간이 죄 가운데 거하면 하나님을 기쁘시게 할 수 없다. 또한 인간의 죄를 속죄하기 위해 마지막 속죄 헌물이 되신 예수님을 믿고 신뢰하지 않으면 영원한 생명을 소유할 다른 길이 없다. 그렇다고 해서 하나님의 율법이 **저주**가 될 수는 없는 것이다. 저주가 되는 것은 율법을 지킴으로써 구원에 도달하려고 하는 인간의 헛된 노력이다.

(약 2:8-13) 너희가 성경 기록에 따라, 너는 네 이웃을 네 자신

과 같이 사랑하라, 하는 왕가의 법을 성취하면 잘하거니와 [9]너희가 사람의 외모에 관심을 두면 죄를 범하고 율법에 의해 범죄자로 확정되리라. [10]누구든지 율법 전체를 지키다가 한 조목이라도 어기면 모든 것에서 유죄가 되나니 [11]간음하지 말라, 하신 분께서 또한, 살인하지 말라, 하셨은즉 이제 네가 비록 간음하지 아니해도 살인하면 율법을 범한 자가 되느니라. [12]너희는 **자유의 법**에 따라 심판 받을 자들처럼 말하고 행하라. [13] 긍휼을 베풀지 않은 자는 긍휼 없는 심판을 받으리라. 긍휼은 심판을 이기고 기뻐하느니라.

위 12절에는 우리가 자유의 법에 따라 심판을 받는다고 하는데, 자유의 법이란 무슨 법인가? 바로 율법이다. 하나님은 인간의 유익을 위해 주신 율법으로 인간을 저주하시는 것이 아니고, 그 율법을 심판의 기준으로 삼으신다는 것이다. 하나님의 모든 명령은 그 나름의 이유가 있다. 하나님의 모든 명령은 우리를 악으로부터 떠나게 하며 하나님을 올바로 경배할 수 있도록 한다. 예수님은 자신이 저주가 되심[34]으로써 인간을 **율법에 기록된 저주**[35]로부터 구원하신

---

34) 예수님 자신이 저주가 되심: 하나님의 말씀을 따르기보다 인간의 교리를 따르는 크리스천들은 이 구절을 하나님과 율법이 예수님을 저주했다고 해석한다. 그러나 예수님은 죄가 없으신 흠없는 어린양으로서 율법을 범하지 않으셨다. 따라서 율법에 기록된 저주를 받으실 수 없다. 반면 인간은 죄를 짓고 하나님께로 돌이키지 않을 경우 저주 아래 있게 된다. (Netzari Aramaic English Interlinear)

35) 율법에 기록된 저주: 신명기27장 15-26절에 기록되어 있다. 여기에는 12개의 특정 범죄와 그에 따른 저주가 열거되어 있다. 그러나 저주의 대상은 이곳의 범죄에만 국한되지 않고, 율법에 규정된 모든 범죄에 적용된다. 만일 어떤 사람이 고의적으로, 혹은 알지 못하고 죄를 짓고도 하나님께 용서를 구하지 않으면 그 사람은 저주 아래 있게 된다. 우리 앞에는 언제나 'Y'처럼 생긴 두 갈래 길이 있다. 한 쪽 길은 축복으로 인도하고 다른 쪽 길은 저주로 인도한다. (Netzari Aramaic English Interlinear)

것이다.

우리는 하나님께서 십계명 외에도 다른 많은 명령을 우리에게 주셨음을 깨달아야 한다. 그리고 하나님께서 우리에게 자신의 율법을 무시해도 좋다고 말씀하신 적인 결단코 없음을 알아야 한다. 예수님은 율법을 세우고 성취하러 오셨고, 하나님의 율법을 혼탁하게 하는 인간의 교리와 전통을 낱낱이 드러내셨다. 사도 바울의 가르침도 이와 정확히 일치한다. "그런즉 우리가 믿음을 통해 율법을 헛되게 만드느냐? 결코 그럴 수 없느니라. 참으로 우리가 율법을 굳게 세우느니라." (롬 3:31).

제5장
바울 서신서에 대한 오해

예수님은 자신이 율법을 폐하러 오신 것이 아니라고 밝히 말씀하셨지만, 교회의 지도자들은 하나님의 말씀을 왜곡하여 가르쳤다. 당시나 지금이나 교회는 하나님의 순수한 말씀을 정확히 이해하지 못한다. 예를 들어 보자.

> (마 26:34) 예수님께서 그에게 이르시되, 진실로 내가 네게 이르노니, 이 밤에 **수탉**이 울기 전에 네가 세 번 나를 부인하리라, 하시거늘.

거의 대부분의 목사들은 윗구절의 '수탉'을 문자 그대로 수탉으로 이해하고 가르친다. 언제가 필자는 어떤 목사가 "그 날 아침에는 오직 수탉만이 하나님의 뜻을 제대로 행하고 있었습니다."라고 설교하는 것을 듣기도 했다. 이 목사가 히브리 문화를 조금 더 깊이 이해하고 있었더라면, 이 구절에서 사용된 '수탉'은 '성전에서 외치는 자(temple crier)[36]'임을 알았으리라. 성전에서 외치는 자는 새벽녘에 성전 문을 개방하는 임무를 맡고 있으며, 큰 소리로 외쳐서 아침 봉헌 시간이 되었음을 알리는 자였다.

이러한 종류의 오해는 사도 바울의 가르침에도 마찬가지로 적용되는데, 크리스천들은 바울의 가르침을 오해하여 "율법은 저주이며 십자가에 못박혔다."라고 주장하는 것이다. 예를 들어 보자.

> (골 2:14-15) 우리를 대적하고 우리를 반대하는 **규례**들을 손으로 기록한 것을 지우시고 그것을 길에서 치우사 **그분의 십자가에 못 박으시며** [15]정사들과 권능들을 벗기사 십자가 안에서 그들을 이기시고 드러내어 구경거리로 삼으셨느니라.

예수님이 지우시고 길에서 치우시고 그분의 십자가에 못 박으신 것은 율법이 아니고 죄에 대한 **요금 청구서(bill of charges)**인 것이다. 또한 예수님은 인간이 만든 규례와 전통들도 마찬가지로 십자가에서 처리하셨다. 율법을 제정하시고 그것을 거룩하고 의로운 것이라고 선언하신 분께서 동일한 율법을 빚문서나 청구서 등으로 폄하하실 리 없는 것이다. 여기에 대해 조금 더 자세히 살펴보자.

저술가이자 아람어 학자인 **앤드류 가브리엘 로쓰(Andrew Gabriel Roth)**는 골로새서 2장 14절에 대해 그리스어 성경이나 아람어 성경

---

36) 성전에서 외치는 자: 히브리어로 가베르(Gaver).

에는 '**율법**'을 의미하는 단어가 전혀 사용되지 않았다고 말한다. 작가 로쓰는 다음과 같은 글을 썼다.

'빚문서'에 해당하는 아람어는 **카바인**(khawvayn)인데, '빚' 혹은 '죄'라는 의미를 가지고 있다. 예수님도 동일한 단어를 산상설교에서 사용하셨다. "우리가 우리에게 빚진 자들을 용서하는 것같이 우리의 빚을 용서하옵시며"(마6:12).

아람어는 빚과 죄를 동일시한다. 아람어 **카바인**(khawvayn)은 복수(複數)를 나타내는 단어로서 정확히 말하면 '빚들'의 문서 혹은 '죄들'의 문서라는 의미이다. 인류 전체의 수많은 죄들을 의미할 수 있는 것이다. 예수님은 다음과 같은 말씀도 하셨다.

"예수님께서 그들에게 이르시되, 너희가 눈멀었다면 죄가 없으려니와 지금 너희가 본다고 말하므로 너희 죄가 남아 있느니라."(요 9:41).

빚문서는 우리가 일생 동안 범죄한 모든 기록들을 담고 있는 문서이다. 율법은 무엇이 죄인지 죄를 정의해 주고, 예수님은 우리의 **죄문서**를 십자가에 못박아 주신 것이다! 따라서 우리 모두는 요한복음 8장에 기록된 간음하다가 붙잡힌 여인과 같은 처지에 놓이게 된다. 여인은 사면되었다. 여인이 무죄했기 때문에 사면된 것이 아니고, 그 여인을 고소하던 자들이 모두 떠나갔기 때문이다. 그래서 예수님은 율법이 요구하는 **두 명의 증인**이 없기 때문에 그 여인을 정죄하지 않으셨다(신 17:6, 신 19:15). 우리는 예수님이 여인에게 "가서 다시는 죄를 짓지 말라."라고 하신 점을 명심하고 반복해서 죄를 짓지 않도록 해야 한다. 예수님의 용서를 받았다고 해서 마음대로 죄를 지을 수 있는 자유 이용권(free pass)을 얻었다고 생각해서는 안 된다. 예수님은 우리에게 죄를 지을 수 있는 면허를 발급해 주신 것이 아니다.

우리가 죄를 범하면 **하나님**이 그 죄에 대해 한 증인이 되고, **죄문서**가 또 다른 증인이 된다. 그러나 예수님이 십자가에 달려 죽으심으로 죄문서를 도말(塗抹)[37]하셨기 때문에, 죄문서라는 증인은 사라지고, 증인은 하나님 한 분만 남게 된다. 율법이 요구하는 두 명의 증인이 없으므로 정죄되지 않는 것이다. 따라서 율법에 기록된 죄의 저주는 효력이 없어지고, 율법에는 오직 우리를 의의 길로 이끄는 축복만이 남게 되는 것이다.

위에서 살펴본 것처럼 성경이 의미하는 바를 정확히 이해하는 것은 너무도 중요하다. 오늘날의 사람들은 사도 바울의 서신서를 히브리적 관점을 가지고 바라보지 않고 그리스적 관점으로 바라본다. 바울 서신서를 바울이 소유했던 관점(히브리적 관점)으로 바라본다면

---

37) 도말(塗抹): 발라서 드러나지 않게 가리다.

많은 오해가 사라질 것이다. 하나님을 경외하고 그분께 순종하는 사람이라면 하나님이 인간의 의로운 삶을 위해 주신 율법을 예수님이 십자가에 못박아 버렸다고 하는 생각을 차마 하지 못할 것이다. 하나님의 거룩한 율법이 저주가 된다는 발상은 사탄의 사주(使嗾)[38] 없이는 가능하지 않다.

비록 바울 서신서의 내용이 크게 오해되고 있지만, 우리는 이방인들의 사역자 사도 바울에게 후한 점수를 주어야 한다. 왜냐하면 아무리 완벽한 이중언어 구사자라 할지라도 한 쪽 언어로 기록된 심오한 진리를 다른 쪽의 언어로 오해 없이 전달한다는 것은 참으로 어려운 일이기 때문이다. 우리가 바울의 서신서를 문맥에 맞추어 세밀하게 연구하면 바울의 가르침이 결코 예수님의 가르침과 다르지 않다는 것과 바울이 율법을 폄하하지 않는다는 것을 알게 된다. 그러나 크리스천들은 갈라디아서 2장 3-16절을 인용하면서 반박한다. 바울 서신서를 히브리적 관점을 가지고 바라보지 않는 한 갈라디아서는 "이방인은 할례를 받을 필요가 없다!"라고 주장한 편지로 오해될 수밖에 없다. 그러나 그것은 진리에서 한참 떨어진 것이다. 갈라디아서2장에 대한 **네짜리 아람어/영어 병행 성경**의 주석을 살펴보자.

> 바울 당시에 유대인들은 자신들의 전통에 따라 할례를 받았지만, 예수님을 갓 믿은 초신자들에게는 할례가 즉각적으로 강요된 것이 아니다. 할례는 침례와 마찬가지로 자발적인 선택

---

38) 사주(使嗾): 남을 부추겨 좋지 않은 일을 시킴.

에 의해 행해져야 한다. 원하지도 않는 사람을 강제로 물 속
으로 밀어넣어 억지로 침례를 주는 것이 불가능한 것과 같다.
모든 사람은 성령의 인도하심을 받고 자신의 의지적인 선택에
따라 이러한 의무를 행해야 하는 것이다. 사도 바울은 할례의
의무 자체가 무효화된 것이 아니라고 분명히 가르쳤다. 할례
는 성령님의 인도하심을 따라 하나님에 대한 믿음과 순종을
입증(demonstration)하는 것이며, 유대인으로 귀화하거나 혹은
다른 이유 때문에 받으려 해서는 안 된다.

또한 갈라디아서 2장과 로마서 2장 13-14절을 비교하여 살펴보면
바울이 율법을 전혀 적대시하지 않았음을 잘 알 수 있다.

(롬 2:13-14) 이는 율법을 듣는 자들이 하나님 앞에서 의롭지
아니하고 **오직 율법을 행하는 자들이 의롭게 될 것이기** 때문이
라. [14]율법을 소유하지 않은 이방인들이 본성을 통해 율법 안
에 들어 있는 것들을 행할 때에 이런 사람들은 율법을 소유하
지 않아도 자기에게 율법이 되나니

이 구절에 대한 **네짜리 아람어/영어 병행 성경**의 주석을 살펴보자.

(롬 2:13에 대한 주석) 이 구절에서는 율법을 '듣는 자들'과 율법
을 '행하는 자들'이 서로 대조되고 있다. 따라서 그 두 부류
중 한 부류는 잘못을 범하는 부류이고, 다른 한 부류는 올

바른 부류이다. 그러면 어떤 부류가 올바른 부류인가? 율법을 **행하는** 자들이 의롭게 될 것이라고 했으므로 당연히 '행하는' 부류가 올바른 부류이다. 율법을 행해야 된다면 그것은 율법이 아직 없어진 것이 아니라는 반증이 된다. 주류 기독교(mainstream Christianity)는 바울의 이러한 친율법적(pro-Torah) 구절을 외면하고 왜곡해 버린다. 율법을 행한다는 것은 마치 마법을 부리는 것처럼 특정한 의식을 반복적으로 되풀이한다는 의미가 아니다. 율법의 **문구 자체**가 신비스럽게 복을 가져다 주는 것이 아니다. 따라서 율법을 듣기만 해서는 안 되는 것이다. 율법은 하나님이 주신 거룩한 명령임을 깨닫고 마음을 다해 **행할 때** 축복이 임하는 것이다. 마태복음 15장에서 예수님이 바리새인들을 꾸짖은 이유도 그들이 율법을 진심으로 행하지 아니하고 형식적으로만 전통을 지켰기 때문이었다.

(롬 2:14에 대한 주석) 이방인들은 신자가 되자마자 즉시 율법에 대해 통달하는 것은 아니다. 이방인들은 바리새인들의 전통에 미혹되지 않고 오직 순수한 하나님의 율법을 차근차근 배워 나가야 한다.

사도행전 21장 15-21절은 바울이 갈라디아서를 작성하고 난 후의 일에 대한 기록이다. 이 구절에서 바울은 자신이 율법 준수자임을 확실히 천명하고 있다. 바울이 로마서 8장 9절에서 "너희 안에 하나님의 [영]께서 거하시면 너희가 육신 안에 있지 아니하고"라고 말하고, 갈라디아서 3장 10절에서 "율법의 행위에 속한 자들은 다 저주 아래 있나니"라고 말했다고 해서 바울을 율법 폐기자로 오해해서는 안 된다. 그 구절들의 '육신'이나 '율법의 행위' 등은 모두 **인간의 교리**(man's law)나 **율법주의**(legalism)를 의미하는 것이기 때문이다.

많은 크리스천들은 신약성경에는 율법을 지키라고 명시된 구절도 없고 구약성경의 가르침을 고수해야 한다는 명령도 없다고 항변할지 모른다. 그러나 그것은 모르는 소리다. 그런 사람들은 로마서 3장 31절을 어떻게 설명하겠는가?

(롬 3:31) 그런즉 우리가 믿음을 통해 율법을 헛되게 만드느냐? 결코 그럴 수 없느니라. 참으로 우리가 율법을 굳게 세우느니라.

또 다음 구절은 어떻게 설명하겠는가?

(골 2:16) 그러므로 아무도 먹는 것이나 마시는 것으로 인해, 또 거룩한 날이나 월삭이나 안식일에 관해 너희를 판단하지 못하게 하라.

바울이 율법을 무효화시키고 있는가? 음식 규례와 안식일 그리고 하나님의 절기를 지키는 것을 금기(禁忌)시하는가? 결코 아니다! 바울은 이러한 것들에 대한 **인간적인 교리**를 경계하는 것이지, 이러한 율법을 무시해도 좋다고 허락하는 것이 아니다.

(**롬** 14:5-6) 어떤 사람은 한 날을 다른 날보다 귀히 여기고 다른 사람은 모든 날을 같게 여기나니 각 사람은 자기 마음에서 완전히 확신할지니라. ⁶날을 중히 여기는 자도 [주]를 위해 중히 여기고 날을 중히 여기지 아니하는 자도 [주]를 위해 중히 여기지 아니하며 먹는 자도 [주]를 위해 먹나니 이는 그가 하나님께 감사드리기 때문이라. 먹지 아니하는 자도 [주]를 위해 먹지 아니하며 또한 하나님께 감사드리느니라.

윗구절에서 바울은 우리가 어떤 음식을 먹을지, 혹은 어떤 날을 절기로 지킬지 마음대로 결정해도 좋다고 말하는 것인가? 물론 아니다! 윗구절의 논점은 우상에게 바쳐졌던 고기를 먹어도 되는지 아니면 먹으면 안 되는지에 대한 것이다. 당시에는 우상에게 바쳐졌던 고기가 특정일에 시장에 내다 팔리고 있었기 때문이다. 그래서 경건한 신자들은 그러한 날에는 아예 시장에서 고기를 구입조차 하지 않았다. 그러나 또 다른 일부의 신자들은 그런 날이라 할지라도 고기시장에 나가서 고기를 구입했다. 이러한 상황에 대해 바울은 비록 우상에게 바쳐졌던 고기라도 신자들은 감사함으로 먹을 수 있다는 지침을 주는 것이다. 결코 음식 규례나 안식일 성수가 더 이상 유효하지 않다고 말하는 것이 아니다.

*Complete Jewish Bible*을 저술한 **스턴**(David H. Stern) 박사의 서문에 음식 규례와 관련된 다음과 같은 부분이 있다. "하나님은 돼지고기, 조개류 등을 '음식'이라고 간주하지 않는다. 그러나 하나님을 반역하는 인간들은 이러한 것들을 '음식물'이라고 여기고 먹는다."

바울은 로마서 14장에서 정결한 음식과 속된 음식의 차이를 설명하려는 것이다. 사도행전 11장에서 베드로는 환상 중에 부정한 짐승을 잡아 먹으라는 음성을 듣지만 그러한 음식 먹기를 거절한다. 이 환상 계시를 통해서 음식 규례가 폐해졌다고 해석하면 안 된다. 이 환상이 의미하는 것은 그 당시까지 부정하게 취급되었던 **이방인**들도 이제는 하나님이 정결하게 하셨다는 것이다(행 11:18).

자, 이제 히브리서의 구절을 살펴보자. 이 구절은 크리스천들이 구약의 율법은 폐해지고 완전히 새로운 것으로 대체되었다고 주장하는 근거 구절이다.

> (히 10:8-9) 위에서 그분께서 이르시기를, 희생물과 헌물과 번제 헌물과 죄로 인한 헌물은 주께서 원치도 아니하시고 기뻐하지도 아니하시나이다, 하셨는데 그것들은 율법에 따라 드리는 것이라. ⁹그 뒤에 그분께서 이르시기를, 오 하나님이여, 보시옵소서, 내가 주의 뜻을 행하러 오나이다, 하셨으니 그분께서 **첫째 것을 제거하심**은 **둘째 것을 세우려 하심**이라.

윗구절은 모세를 통한 율법이 완전히 파기되었음을 의미하는가? 아니다! 율법은 아담의 때부터 기원하는 것으로서 하나님의 거룩한 명령이므로 폐지될 수 없다. 예수님을 통해 율법은 더 좋은 것으로 **승화되고**(transformed), **개정되고**(revised), **명료화되고**(clarified), **갱신되었다**(updated)고 할 수 있다. 지구상에 인구가 크게 증가되었기 때문에 이를 수용할 수 있는 율법으로 개량되었다고 이해하면 좋을 것이다.

히브리서 10장 8-9절은 히브리서 2장 17절을 참고하면 이해가
쉽다.

> (히 2:17) 그러므로 모든 일에서 그분께서 자기 형제들과 같게
> 될 필요가 있었으니 이것은 그분께서 하나님께 속한 일들에
> 서 긍휼 많고 신실하신 대제사장이 되사 백성의 죄들로 인해
> 화해를 이루려 하심이라.

예수님의 대속사역으로 더 이상 동물 희생제사는 필요치 않다.
구약의 동물 희생제사를 통하여는 죄를 가릴 뿐 죄를 제거하지는
못했는데, 예수님이 죄 헌물이 되심으로써 우리의 모든 죄가 사함
을 받고 제거된 것이다. 예수님의 대속의 은혜를 입은 자들은 영적
으로 성숙해야 한다(히 5:13-6:1).

히브리서뿐 아니라 바울 서신서 어디에서도 율법이 폐해졌다는
구절은 없다. 그와는 반대로 바울은 율법을 지키지 않으면 죄인이
되며, 예수님의 보혈을 의지하지 않는 죄인은 결국 심판에 처해진다
고 말한다. 더구나 히브리서 10장에서 바울은 단지 예수님을 믿는
것만으로 거룩하게 되는 것이 아니라 율법을 준수함으로써 거룩하
게 된다고 설명한다(민 15:40, 잠 4:2).

자, 이제 에베소서 2장 15-16절을 살펴보자.

(엡 2:15-16) 원수 되게 하는 것, 즉 규례들에 수록된 명령들의 율법을 자기 **육체로 없애셨으니** 이것은 이 둘을 자기 안에서 하나의 새 사람으로 만듦으로써 화평을 이루려 하심이요, ¹⁶또 십자가로 그 원수 되게 하는 것을 죽이사 친히 십자가로 이 둘을 한 몸으로 하나님과 화해하게 하려 하심이라.

여기서도 마찬가지로 율법이 폐지되었다는 암시가 없다. 예수님은 **인간이 만든 규례** 때문에 지상의 인간이 두 패로 나뉘어 서로 적대시하는 것을 안타까워하시고 그들을 화해하게 하신 것이다.

(골 2:20-21) 그러므로 너희가 세상의 유치한 원리들로부터 떠나 그리스도와 함께 죽었거늘 어찌하여 세상에 살고 있는 것같이 **규례들에 복종**하느냐? ²¹곧 만지지도 말고 맛보지도 말고 손을 대지도 말라 하는 것이니

윗구절에서 바울은 구약의 명령들을 무시하라고 말하는가? 절대 아니다! 이 구절에서 바울이 말하는 '규례'는 율법이 아니고, **인간이 만든 교리**를 말하는 것이다. 골로새서 2장 23절에서 바울은 인간이 쓸데없는 교리를 자꾸 만들어 내는 것을 경계한다.

(골 2:23) 참으로 이런 것들은 의지대로 경배하고 자기를 낮추며 몸을 경시하는 데는 지혜가 있는 것같이 보이나 육체를 만족시키는 데는 아무 가치가 없느니라.

많은 크리스천들은 바울이 아무 것이든 먹어도 상관없다고 가르쳤다고 오해한다. 더 이상 정결한 음식이란 개념이 없다는 것이다. 그렇다면 다음 구절을 자세히 읽어 보라.

(딤전 4:1-5) 이제 성령께서 분명히 말씀하시기를 마지막 때에 어떤 사람들이 믿음에서 떠나 유혹하는 영들과 마귀들의 교리에 주의를 기울이리라 하셨는데, ²이들은 위선으로 거짓말을 하며 자기 양심을 뜨거운 인두로 지진 자들이라. ³이들이 혼인을 금하고 음식물을 삼가라고 명령할 터이나 음식물은 하나님께서 창조하사 진리를 믿고 아는 자들이 감사함으로 받게 하셨느니라. ⁴하나님의 **모든 창조물은 선하고 감사함으로 받으면 거부할 것이 하나도 없나니** ⁵그것은 하나님의 말씀과 기도로 거룩히 구별되었느니라.

크리스천들은 디모데전서 4장 4절을 "모든 것이 정결한 음식물이 되었다!"라고 해석한다. 그러나 그것은 틀린 해석이다. 독자는 먼저 바울이 말하는 대상은 이미 음식 규례를 철저히 지키고 있었던 **유대인**임을 알아야 한다. 유대인들은 하나님이 레위기를 통해 허락하신 음식물 외에 다른 것을 먹는다는 것은 꿈도 꾸지 않는다. 음식 규례는 여전히 하나님의 명령이며 바울은 그것을 확인해 주는 것이다. 디모데전서 4장 1절의 '마귀들의 교리'란 하나님이 먹을 수 있다고 허락해 준 정결한 음식물까지도 먹어서는 안 된다고 금지하는 교리이다. 바울은 하나님의 모든 창조물이 말씀과 감사기도로 거룩히 구별되기 때문에 거부할 것이 없다고 가르쳤다. 레위기에 보면 어떤 것은 정결하여 먹을 수 있고, 어떤 것은 부정하므로 먹을 수 없는지에 대한 자세한 설명이 있다. 레위기는 거룩한 것과 속된 것에 대한 구분을 우리에게 말해 준다. **코셔**(kosher, **먹을 수 있는 음식**)와 **코데쉬**(kodesh, **거룩한**)는 같은 어근(語根)을 가진 히브리 낱말이다.

또한 민수기에도 우리가 섭취할 수 있는 음식의 종류에 대한 설명이 있다. 율법에 따르면 먹을 수 있는 짐승은 굽이 갈라지고 되새김질을 하는 짐승이다. 돼지는 굽이 갈라졌지만 되새김질을 하지 않으므로 부정하고 먹을 수 없다. 바울은 이러한 사실을 모두 잘 알고 있었다. 이러한 율법을 바울이 무효화시키거나 변경시킨 것이 아니다. 만일 정말로 바울이 조금이라도 율법을 무효화시켰다면 우리는 다음과 같은 질문을 해야 할 것이다. 과연 우리는 바울을 믿는가? 아니면 하나님이 성육신한 예수님을 믿는가? 만일 정말로 현대 교회가 주장하는 것처럼 바울이 반(反) 율법 준수자였다면 하나님은 바울 서신서가 성경으로 인정받지 못하도록 하셨을 것이다.

비록 인간은 모든 것을 이해할 수 없지만 음식 규례를 주신 하나님은 모든 이유를 알고 계신다. 음식 규례는 매우 중요한 주제이므로 독자들은 인터넷이나 별도의 서적을 구입해 더 깊게 연구해 볼 것을 당부드린다.

하나님의 율법으로 돌아가자!

예수님이 폐지하신 것은 율법이 아니고 속죄를 위한 동물 희생제사라는 점은 특별히 강조되어야 한다. 또한 예수님은 당시 랍비들의 가르침(rabbinical teachings)도 폐지하셨다. 당시의 유대인은 랍비들의 '율법주의'에 철저하게 속박되어 있었으므로, 안식일에 노동을 하지 않기 위해 아예 침대 밖으로 나오지도 않았다. 랍비들은 율법을 괴롭고 힘든 멍에로 만들어 버렸다. 사도행전 21장 20-24절을 살펴보자.

> (행 21:20-24) 그들이 그것을 듣고 [주]께 영광을 돌리며 바울에게 이르되, 형제여, 너도 보거니와 유대인들 중에 믿는 자 수천 명이 있는데 그들은 다 율법에 열심이 있는 자들이라. [21]그들이 너에 대해, 곧 네가 이방인들 가운데 있는 모든 유대인들이 자기 아이들에게 할례를 행해서는 안 되며 또 관례대로 걸어서도 안 된다고 말하면서 그들을 가르쳐서 모세를 저버리게 한다는 것에 대해 알게 되었도다. [22]그런즉 어찌할까? 네가 온 것을 무리가 들으리니 그들이 반드시 함께 오리라. [23]그러므로 우리가 네게 말하는 대로 이것을 행하라. 자기를 두고 서원한 사람 넷이 우리에게 있으니 [24]그들을 데리고 가서 그들과 함께 너 자신을 정결하게 하고 그들을 위해 비용을 대서 그들이 자기들의 머리를 밀게 하라. 그러면 모든 사람이 그 일들, 곧 그들이 너에 대해 들은 일들이 아무것도 아니며 **오히려 너도 스스로 율법을 지키며 질서 있게 걷는 줄** 알리라.

다음과 같은 질문을 자신에게 해보라. "만일 예수님이 정말로 율법을 폐하셨다면, 왜 바울은 위의 구절에서와 같이 예수님이 십자가에서 죽은 지 29년이나 지난 후에도 여전히 율법을 지키고 있는 것인가?" 바울은 다음과 같이 말한다.

(롬 7:7) 그러면 우리가 무슨 말을 하리요? 율법이 죄냐? 결코 그럴 수 없느니라. 아니라, 오히려 **율법을 통하지 않고서는 내가 죄를 알지 못했으리니** 율법이, 너는 탐내지 말라, 하지 아니하였더라면 내가 탐욕을 알지 못했으리라.

(롬 7:12) 그런즉 **율법도 거룩하고** 명령도 거룩하며 의롭고 선하도다.

또한 바울은 로마서 7장 4절에서 **율법은 영적**(spiritual)이라고 말하는데, 영적인 것은 영원한 것이다.

(고후 4:18) 우리는 보이는 것들을 바라보지 아니하고 보이지 아니하는 것들을 바라보나니 보이는 것들은 잠깐 있을 뿐이나 보이지 아니하는 것들은 **영원하니라.**

다시 한번 질문을 해보라. "예수님의 죽음은 율법을 폐하는 것일까?" 만일 누군가가 예수님과 바울이 지지했던 율법에 반대하여 가르친다면, 그는 거짓 목사요 거짓 선지자이다. 그 이상도 그 이하도 아니다. 바울은 다음과 같이 말한다.

(고후 11:13-15) 그러한 자들은 거짓 사도요 속이는 일꾼이며 자기를 그리스도의 사도로 가장하는 자들이니라. ¹⁴그것은 결코 놀랄 일이 아니니 사탄도 자기를 **빛의 천사**로 가장하느니라. ¹⁵그러므로 그의 사역자들 또한 **의의 사역자**로 가장한다 해도 그것은 결코 큰 일이 아니니라. 그들의 마지막은 그들의 행위대로 되리라.

율법은 오늘날에도 여전히 유효한가? Yes! 율법은 인간을 의롭게 하는 기준이다. 예수님은 율법의 일점일획도 없어지지 않는다고 하셨고, 하나님을 사랑하는 자는 그분의 명령을 지킬 것이라고 하셨다. 율법을 지키는 것은 구원을 이루기 위함이 아니고 거룩하게 되기 위함(성화, 聖化)이다.

아무리 기독교계가 필자가 말한 내용과 반대의 주장을 하려고 몸부림쳐도 바울의 가르침은 확고하다. 바울은 예수님을 증거하고 율법을 드높였다. 사도행전 28장 23절에 기록된 것처럼 바울은 아침부터 저녁까지 모세의 율법과 대언자들의 글을 가지고 예수님에 관해 그들을 설득하며 그들에게 하나님의 왕국을 풀어 설명하고 증언했다. 그리고 다음과 같은 엄중한 경고도 했다.

(히 10:28-29) 모세의 **율법을 멸시한 자**도 두세 증인으로 인해 긍휼을 얻지 못하고 죽었거늘 ²⁹하물며 하나님의 [아들]을 발로 밟고 자기를 거룩히 구별한 언약의 피를 거룩하지 아니한 것으로 여기며 은혜의 [영]께 무례히 행한 자가 당연히 받을

형벌은 얼마나 더 극심하겠느냐? 너희는 생각해 보라.

윗구절에서 바울은 모세의 율법과 예수님의 피로 맺어진 언약을 대비시킨다. 이 둘은 극히 밀접한 것이며 모세 율법의 연장선상 위에 피의 언약이 있음을 암시하는 것이다. 따라서 율법은 예수님의 피의 언약으로 여전히 살아 있는 것이며 결코 폐지될 수 없다.

아무도 율법을 완벽히 지켜내지는 못한다. 그러나 우리의 유익을 위해 선사해 주신 하나님의 율법을 지키려고 노력하면 할수록 우리는 하나님께 더 가까이 다가가게 되며 우리의 삶에서 그분의 뜻을 이룰 수 있는 것이다.

제6장
오늘날에도 지킬 수 있는
율법의 명령들

하나님의 율법을 지키는 데 있어서 우리가 가져야 하는 기본적인 자세는 **지킬 수 있는 명령은 최선을 다해 지킨다**는 것이다.

율법에 나타난 모든 명령의 목록을 만들면 613개가 된다고 믿는 사람이 많다. 그러나 성경에는 하나님이 613개의 명령만을 주셨다는 명시적인 기록은 없다. 하나님의 명령이 613개조의 명령[39])으로 구성되었다는 것은 인간이 만든 전통에 지나지 않는다.

613개조의 명령이라는 개념은 탈무드(Talmud)[40])에서 비롯되었다. 고대의 랍비들은 하나님의 명령을 금지적 명령(~를 하지 말라)과 당위적 명령(~를 하라)으로 나누었다. 금지적 명령에는 365개 조항이 있는데, 일년이 365일로 구성되어 있는 것처럼, 일년 내내 잘못을 범하지 않도록 상기(想起)시킨다. 또한 당위적 명령에는 248개의 조항이 있는데, 인체의 뼈의 갯수와 우연하게도 일치한다. 금지적 명령

---

39) (613개조의) 명령: 히브리어로 미쯔봇(Mitzvot).
40) 탈무드: 랍비들의 구전율법(口傳律法, oral Torah)을 집대성한 유대 문학전집.

365개와 당위적 명령 248개를 합하면 총 613개 조항이 된다.

또한 흥미롭게도 **탈리트**(tallit)에 매달린 **칫칫**(tzit-tzit, 옷술)이 613이
라는 숫자와 연관되어 있다. 율법 주석가(Totah commentator)인 **라쉬**
(Rashi)는 히브리어 '칫칫'의 글자 값을 모두 더하면 **600**이 되고, 칫
칫은 8가닥의 실(絲, threads)과 5세트(5 sets)의 매듭으로 만들어지므
로 이들 숫자를 모두 더하면 613이 된다고 해석한다. 따라서 칫칫
이 매달려 있는 탈리트를 걸치는 것은 율법의 모든 명령을 생각나
게 한다는 것이다.

그런데 현대를 사는 우리가 613개 율법조항 모두를 준수할 수 있
는 것은 아니다. 왜냐하면 율법조항에는 제사장이나 왕에게만 적용
되는 명령도 있고, 남자나 여자에게만 해당되는 명령도 있기 때문
이다. 그러나 우리 모두 공통적으로 영원토록 지켜야 하는 명령들
도 있다. 어떤 명령들이 그러한 명령인가?

- ·십계명: 출 20, 31:18, 34:29, 신 5:5
- ·안식일: 창 2:3, 20:8, 31:13, 31:16-17, 레 23:3, 신 5:12,
  사 66:23, 58:13
- ·절기들: 레 23
- ·음식 규례: 신 14:1-21, 레 11

위에 열거한 4항목만이 지켜야 하는 율법의 전부라는 의미는 아
니다. 그러나 이러한 4가지 항목의 명령은 크리스천들이 깨달아야
하는 중요한 명령들이다.

사람들은 성경의 명령 중에서 자기가 지키고 싶은 명령만 지키려는 성향이 있다. 그러나 만일 어떤 명령이 **영원하다**고 선언된 명령이라면, 비록 지키고 싶지 않더라도 우리는 두 말 없이 그것을 지켜야 한다. 영원한 명령 중의 하나인 하나님의 절기 준수는 하나님과의 약속시간을 지키는 것과 같다. 각각의 절기는 예수님의 사역에 대한 그림자이다. 예수님은 현재까지 처음 4절기만을 성취하셨고 나머지 3절기는 '휴거' 사건을 시발점으로 성취될 것이다. 절기에 대해 조금 더 자세히 살펴보자.

왜 우리는 하나님의 절기를 지켜야 하는가?

하나님의 절기는 하나님과 그분의 백성 사이에 맺어진 **영원한 약속**으로서, 천년왕국 및 그 뒤에 오는 세상에서도 계속해서 지켜질 것이 예언되었기 때문이다.

> (사 66:23) **주**가 말하노라. 월삭부터 다음 월삭까지, 안식일부터 다음 안식일까지 모든 육체가 내 앞에 나아와 경배할 것이요,

하나님은 그분의 백성들이 자신 앞에 나아와 경배하도록 절기[41]를 주셨다. **모든 육체**가 하나님 앞에 나아와 경배한다는 것은 절기가 오직 유대인에게만 주어진 것이 아니라, 믿음으로 한 가족이 된 모든 이에게 주어졌음을 의미한다. 하나님의 백성이란 예수님을 경

---

41) 절기: 히브리어로 모아딤(mo'adim), '약속시간'이라는 의미임.

배하기 위해 좋은 올리브나무(이스라엘)에게 접붙임 받은 모든 자를
의미한다.

창조주 하나님께서 우리에게 매년 기념하라고 주신 7절기는 다음
과 같다.

· 유월절: 히브리어로 **페삭**(Pesach)

· 무교절: 히브리어로 **하그 하마쫏**(Hag haMatzot)

· 초실절: 히브리어로 **욤 하비쿠림**(Yom haBikkurim)

· 칠칠절: 히브리어로 **샤부옷**(Shavuot)

· 나팔절; 히브리어로 **로쉬 하샤나**(Rosh haShanah)

· 속죄일: 히브리어로 **욤 키푸르**(Yom Kippur)

· 장막절: 히브리어로 **수콧**(Sukkot)

하나님은 항상 우리에게 자신을 계시해 주시는데, 절기를 통해서
도 많은 것을 보여주신다. 즉 예수님이 이루신 중요한 3가지 사건(**죽
으심, 장사되심, 부활하심**)은 처음 3절기에 계시되어 있고, 성령의 강림
은 4번째 절기에 계시되어 있는 것이다.

· 흠없는 어린 양이 도살되는 유월절 날 우리 예수님도 십자
  가에서 죽으셨다(고전 5:7).

· 무교절은 누룩(죄)이 없는 성도들의 성결한 삶과 예수님의
  장사되심을 예표한다.

· 초실절은 무교절 기간 내의 안식일(매주 돌아오는 안식일) 다음

날에 기념되며(레 23:10-11), 예수님의 부활을 예표한다(고전 15:23).

· 칠칠절(혹은 오순절)은 밀 추수를 기뻐하며 율법이 수여된 것을 기념하는 절기이다. 또한 신약에서는 예루살렘에 모인 성도들에게 성령이 주어졌다(행 2).

예수님은 현재까지 처음 4절기를 성취하셨으므로, 다음에 발생할 예언적 사건인 '휴거'는 나팔절에 발생할 것이다. 예수님께서 자신의 백성을 부르시려고 재림하시는 날은 나팔절이며, 우리 모두 기쁨으로 그의 앞에 모일 것이다.

이와 같이 하나님의 절기가 영원하며 현재로서 일부분만 성취된 것이라면, 왜 예수님이 절기들을 폐해 버리시겠는가? 예수님이 십자가에서 죽으셨기 때문에 더 이상 절기들을 성취하지 못하신다는 말인가? 하나님은 영원하시고 그분에게는 시작도 끝도 없다. 우리를 위해 오신 예수님의 몸은 죽었지만 그분의 영은 죽지 않으셨다. 또한 그분의 몸도 부활하심으로써 살아나셨다. 그분의 몸이 뉘어지고 봉인되었던 무덤은 지금 비어 있다! 예수님은 태초부터 아버지 하나님과 함께 계셨으며(요 1:1-2), 영원한 대제사장이시다 (히 7:3).

하나님의 일정표

인간은 시간을 과거, 현재, 미래로 나누어 이해할 수밖에 없지만 하나님은 우리와 다르시다. 하나님은 시간을 창조하신 분이므로 시간을 초월하신다. 하나님의 절기들은 여러 가지 의미를 내포한다. 절기를 연구하면 많은 것에 대해 배울 수 있다. 예수님의 사역도 절기 안에 그림자처럼 계시되어 있다.

하나님은 어제나 오늘이나 영원 무궁토록 동일하신 분이다. 그러하신 분이 갑자기 자신의 절기들을 무효화시켜 버릴 수 있을까? 예수님이 십자가에서 죽으셨으므로 모든 절기들이 자동적으로 폐지되었다고 생각하는 것은 비상식적이다. 아직 3절기는 예수님의 성취를 기다리며 남아 있다.

(잠 3:1) 내 아들아, 내 **법**을 잊지 말고 네 마음이 내 명령들을 지키게 할지어다.

(잠 6:23) 그 명령은 등불이요, 그 **법**은 빛이며 훈계하는 책망들은 생명의 길이니라.

(시 1:1-3) 경건치 아니한 자들의 계획대로 걷지 아니하고 죄인들의 길에 서지 아니하며 모욕하는 자들의 자리에 앉지 아니하는 사람은 복이 있나니 [2]그는 주의 **율법을 기뻐하며** 그분의 율법을 밤낮으로 묵상하는도다. [3]그는 물 있는 강가에 심은 나무, 곧 제철에 열매를 맺는 나무 같으며 그의 잎사귀 또한 시들지 아니하리로다. 그가 하는 것은 무엇이든지 형통하리로다.

(신 6:4-9) 오 이스라엘아, 들으라. 주 우리 하나님은 한 주시니 ⁵너는 네 마음을 다하고 혼을 다하고 힘을 다하여 주 네 하나님을 사랑하라. ⁶이 날 내가 네게 **명령하는 이 말씀**들을 네 마음속에 두고 ⁷그것들을 네 자녀들에게 부지런히 가르치며 네가 네 집에 앉았을 때에든지, 길을 걸어갈 때에든지, 누웠을 때에든지, 일어날 때에든지 그것들을 말할 것이며 ⁸너는 또 그것들을 네 손에 매어 표적으로 삼고 네 눈 사이에 두어 이마의 표로 삼으며 ⁹또 네 집의 기둥과 문에 기록할지니라.

신명기 6장 4절의 "오 이스라엘아, 들으라."에서 **이스라엘**은 누구를 지칭하는지 독자는 알고 있는가? 만일 독자가 예수님을 믿는 신자라면, 바로 독자가 이스라엘의 일원인 것이다. 그러므로 듣고 지키라!

안식일 준수

십계명의 제4계명인 안식일 준수는 선택사항이나 권장사항이 아니라 절대 요구사항이다! 하나님께서 거룩히 구별하신 안식일을 지키는 자에게는 하나님으로부터의 신령한 축복이 약속되어 있다.

(사 56:1-2) 주가 이같이 말하노라. 너희는 공의를 지키며 정의를 행하라. 나의 구원이 가까이 이르렀고 나의 의가 곧 나타나리라. ²이것을 행하는 사람은 복이 있으며 그것을 굳게 붙잡

는 사람의 아들은 복이 있나니 곧 **안식일을 지켜** 그 날을 더 럽히지 아니하며 자기 손을 지켜 악을 행하지 아니하는 자가 복이 있도다.

(사 56:4-7) 주가 이같이 말하노라. **내 안식일을 지키고** 내가 기 뻐하는 것들을 택하며 내 언약을 굳게 붙드는 고자들 ⁵곧 그 들에게 내가 내 집에서, 또 내 성벽 안에서 아들딸보다 더 좋 은 처소와 이름을 주리라. 내가 그들에게 끊어지지 아니할 영 존하는 이름을 주리라. ⁶또 스스로 주에게 연합해 그를 섬기 고 주의 이름을 사랑하며 그의 종이 되고 **안식일을 지켜 그 날을 더럽히지 아니하며** 내 언약을 굳게 붙드는 **타국인의 아 들들** ⁷곧 그들을 내가 나의 거룩한 산으로 데려가 나의 기도 하는 집에서 그들을 기쁘게 하리라. 그들이 내 제단 위에 드 리는 번제 헌물과 희생물을 내가 받으리니 내 집은 모든 백성 을 위한 기도하는 집이라 불리리라.

하나님은 일곱째 날을 축복하셨고 친히 그 날을 지키셨다(창 2:2-3). 성경은 일곱째 날이 하나님의 거룩한 안식일이며, 천지가 없 어지기까지 계속적으로 유지될 것이라고 말씀한다(출 20:8-11, 마 5:17-19, 요일 3:4).

(사 58:13-14) 네가 만일 네 발을 돌이켜 **안식일을 범하지 아니 하고** 내 거룩한 날에 네 쾌락을 행하지 아니하며 안식일을 일

컬어 즐거운 날이라, 주의 거룩한 날이라, 존귀한 날이라 하고 그를 공경하며 네 길들을 행하지 아니하고 네 자신의 쾌락을 찾지 아니하며 네 자신의 말들을 하지 아니하면 ¹⁴네가 주 안에서 스스로 즐거워하리라. 내가 너를 땅의 높은 곳들에서 타고 다니게 하고 네 조상 야곱의 유산으로 너를 먹이리라. 주의 입이 그것을 말하였느니라.

(사 66:23) **주**가 말하노라. 월삭부터 다음 월삭까지, 안식일부터 다음 안식일까지 모든 육체가 내 앞에 나아와 경배할 것이요.

대언자들이 안식일을 지키지 않고 더럽히는 행위를 심하게 저주하고 있음을 명심하라(겔 20:19-24, 22:8, 26, 31, 렘 17:27). 예수님을 비롯해 바울과 제자들은 모두 안식일을 거룩하게 지켰다(눅 4:16). 예수님은 마태복음 24장 20절에서 종말에 발생하게 될 일들을 제자들에게 계시하시면서 "그러나 너희의 도피하는 일이 겨울이나 안식일에 일어나지 않도록 너희는 기도하라."라고 말씀하셨다. 종말의 때에 안식일을 지키는 것이 우리의 의무가 아니라면 예수님께서 이런 말씀을 하실 이유가 없다. 만일 도피하는 일이 안식일에 발생한다면, 몸과 영을 쉬게 하는 안식일이 거룩히 지켜질 수 없기 때문이다. 종말에도 안식일은 일곱째 날(토요일)이지 첫째 날(일요일)로 바뀔 수 없다.

안식일은 언제인가?

앞 장에서 언급한 대로 유대인 신자와 이방인 신자는 모두 안식일에 하나님께 예배드리기 위해 정기적으로 회당에 모였다(행 13:42-44). 성경은 일곱째 날이 하나님의 거룩한 안식일이며 천지가 없어지기까지 계속적으로 유지될 것이라고 말씀한다(출 20:12, 출 20, 사 66:22-23). 안식일은 하나님의 영원한 언약이며 증표이다. 안식일은 우리가 하나님의 창조사역과 구속사역을 기억하고 찬양하게 한다. 안식일 준수에 대해서는 신약성경에도 다음과 같이 기록되어 있다.

> (히 4:9-11) 그러므로 하나님의 백성에게는 **한 안식**이 남아 있도다. 10그분의 안식에 이미 들어간 자는 또한 하나님께서 자신의 일들을 그치신 것같이 이미 자기 일들을 그쳤느니라. 11그러므로 우리가 저 안식에 들어가도록 힘쓸지니 이것은 아무도 그 믿지 아니하던 동일한 본을 따라 넘어지지 아니하게 하려 함이라.

안식일 준수의 중요성에 대해 성경 자체가 여러 곳에서 증거하지만, 많은 크리스천들은 예수님의 죽으심을 통해 안식일은 폐지되고 일요일 예배가 새롭게 제정되었다고 주장한다. 예수님이 일요일에 부활하셨기 때문이라는 것이다. 그러나 이러한 주장에는 다음과 같은 문제가 있다.

· 예수님이 정말로 일요일에 부활하셨는가?
· 하나님이 안식일을 일곱째 날에서 첫째 날로 변경하신다는
  어떤 암시나 구절이 성경에 있는가?

예수님의 부활 시점을 히브리적 관점에서 살펴보면, 엄밀하게 말해서 예수님은 안식일이 끝날 즈음인 토요일 오후에 부활하셨다. 크리스천들이 오해하는 것처럼 일요일 새벽이 아니다.

(마 12:39) 그분께서 그들에게 응답하여 이르시되, 악하고 음란한 세대가 표적을 구하나 대언자 **요나의 표적** 외에는 아무 표적도 그 세대에게 주지 아니하리라.

(마 16:4) 악하고 음란한 세대가 표적을 구하나 대언자 **요나의 표적** 외에는 아무 표적도 그 세대에게 주지 아니하리라, 하시고 그들을 남겨둔 채 떠나가시니라.

윗구절에 나오는 **요나의 표적**이란 무엇인가?

(마 12:40-41) 요나가 밤낮으로 **사흘 동안** 고래 뱃속에 있었던 것같이 사람의 [아들]도 밤낮으로 **사흘 동안** 땅의 심장부에 있으리라. [41]심판 때에 니느웨 사람들이 이 세대와 함께 일어나 이 세대를 정죄하리니 이는 그들이 요나의 선포로 인해 회개하였기 때문이거니와 보라, 요나보다 더 큰 이가 여기 있느니라.

그것은 요나와 마찬가지로 예수님도 삼일 밤낮 동안 무덤 안에 계신다는 것이다.

(마 16:21) 그때부터 예수님께서 자기가 반드시 예루살렘으로 올라가 장로들과 수제사장들과 서기관들에게 많은 일들로 고난을 당하고 죽임을 당하며 **셋째 날** 다시 일으켜질 것을 자기 제자들에게 보이기 시작하시니

(마 17:23) 죽임을 당하고 **셋째 날** 다시 일으켜지리라, 하시니 그들이 심히 근심하더라.

(마 20:19) 이방인들에게 넘겨주어 그를 조롱하고 채찍질하고 십자가에 못박게 할 것이요, 셋째 날에 그가 다시 일어나리라, 하시니라.

(또한 마 27:64, 막 9:31, 10:34, 눅 9:22, 18:33, 24:7, 24:46, 행 10:40, 고전 15:4 등의 구절들을 참조하라.)

성경은 예수님께서 3일 밤낮을 무덤 안에 계셨다고 증언한다. 예수님은 유월절인 니산월(月) 14일 해지기 전에 무덤에 안치되셨고, 안식일인 니산월 17일이 끝나갈 무렵인 저녁에 부활하신 것이다(레 23:5). 성경에 따르면 예수님은 수요일 저녁 일몰 직전에 무덤으로 들어가셨다(요 19:31). 무덤 안에 계신 시간을 계산해 보면, 목요일

저녁까지 만(滿) 하루, 금요일 저녁까지 만 하루, 그리고 토요일 저녁까지 만 하루가 되어, 만3일을 무덤에 계신 것이다. 요나가 고래 뱃속에 있었던 시간과 같다.

예수님이 무덤 안에 계셨던 시간을 정확히 알기 위해서는 하나님이 사용하시는 일자(日字) 계산법을 알고 그것을 적용해야 한다. 하나님은 일몰부터 다음 날 일몰까지를 하루로 취급하신다. 자정에서 자정까지가 아니다.

> (창 1:5) 하나님께서 빛을 낮이라 부르시며 어둠을 밤이라 부르시니라. 그 저녁과 아침이 첫째 날이더라.

따라서 우리는 예수님이 무덤에 안치된 시각이 현재달력 기준으로 3~4월[42]의 일몰 직전인 오후 5시경임을 추정할 수 있다.

3일 밤낮

예수님이 3일 밤낮 동안 무덤에 계셨다고 한다면 아무리 성경을 비틀어도 부활 시점을 일요일 새벽으로 도출해낼 수가 없다. 예수님은 오후 3시[43](제9시, 요 19:14)에 숨을 거두셨고, 그 날 오후에 무덤에 묻히셨다(요 19:31). 그리고 3일 밤낮을 무덤에서 안식하신 것이다.

---

42) 3~4월: 유대 종교력 첫째 달인 니산(Nisan)월은 현대력(그레고리력)의 3~4월경에 해당한다.

43) 오후 3시: 당시는 하루를 12시간으로 등분했음.

(마 27:46) **아홉 시쯤**에 예수님께서 큰 소리로 외쳐 이르시되, 엘리 엘리 라마 사박다니? 하시니 이것은 곧 나의 하나님이여, 나의 하나님이여, 어찌하여 나를 버리셨나이까?[44]라는 말이라.

윗구절과 함께 마가복음15장 33-34절과 누가복음23장 44절도 참조하라.

예수님이 못박히신 날은 유월절로서 니산월14일이고, 다음 날인 니산월15일은 무교절이 시작되는 큰 안식일(High Sabbath)[45]이었다. 그래서 유대인들은 큰 안식일을 더럽히지 않기 위해 예수님의 시체를 빨리 십자가에서 내려 무덤에 넣기를 원했다. 오후 3시에 숨을 거두셨으므로 오후 5시에 무덤에 안치되었다고 한다면, 두 시간 만에 모든 장례 절차가 이루어진 것이다. 이 사실을 증거하는 구절이 있다.

(요 19:14) 그 날은 유월절의 예비일이요 때는 **여섯 시쯤**이더라.
그가 유대인들에게 이르되, 너희 [왕]을 보라! 하거늘

---

44) 어찌하여 나를 버리셨나이까?: 예수님은 시편 22편을 인용하신 것이 아니다. 대부분의 성경이 이 부분을 '버리셨나이까?'로 해석했기 때문에 잘못된 교리가 많이 만들어졌다. 하나님은 의로운 자를 버리시거나 자신의 아들을 버리지 않는다(시 9:9-10, 37:25, 71:11, 사 49:14-16). 예수님은 큰 고통 중에 '엘리(나의 하나님)'라 불렀는데, 주위에 있던 자들은 잘 알아듣지 못했다. 예수님이 그 다음에 말씀하신 '라마 사박다니(어찌하여 나를 버리셨나이까?)'는 히브리어를 잘 알아듣지 못해 발생한 오역이다. 예수님은 '레마 사박다니(어찌하여 나를 살려 두시나이까?)'라고 말씀하신 것이 분명하다. 예수님은 벌써 6시간 가량 십자가에 못박혀 있었기 때문에 속히 자신의 생명을 끝내 주시기를 간구한 것이다.

45) 큰 안식일: 매주 돌아오는 안식일이 아님.

(요 19:31) 그런즉 그 날은 **예비일**이므로 유대인들이 안식일에 그 몸들을 십자가에 남겨 두려 하지 아니하여 빌라도에게 그들의 다리를 꺾어 치워 달라고 간청하니 (이는 그 안식일이 큰 날이었기 때문이라.)

일반적으로 크리스천들은 예수님이 금요일에 십자가에 못박히셨다고 주장한다. 그러나 윗구절의 '예비일'은 매주 돌아오는 안식일을 위한 예비일이 아니고, 무교절의 첫 날인 **큰 안식일**을 위한 예비일인 것이다. 다음 날(**목요일**)이 큰 안식일이므로 유대인들은 그 날을 더럽히지 않으려고 두 강도들과 예수님의 시체를 십자가에서 치우기를 원했던 것이다. 따라서 예수님의 시신은 큰 안식일이 시작되기 전인 당일(**수요일**) 일몰 전까지 무덤에 들어가야 했던 것이다.

(요 19:41-42) 이제 그분께서 십자가에 못박히신 곳에 동산이 있었고 그 동산 안에 아직 사람을 둔 적이 없는 새 돌무덤이 있더라. ⁴²그러므로 그들이 유대인들의 **예비일**로 인해 예수님을 거기에 두니 이는 그 돌무덤이 가까웠기 때문이더라.

윗구절은 예수님이 십자가에 달리셨던 당일 오후5시경에 무덤에 안치되셨음을 지지한다. 따라서 예수님이 부활하신 시각을 알기 위해는 수요일 오후5시부터 3일 밤낮을 계산해야 하는 것이다. 이렇게 하면 예수님 부활하신 시각은 토요일 오후5시경이 되며, 매주 돌아오는 안식일이 끝나갈 무렵인 것이다. 예수님은 자신이 십자가에 달리시기 전날 밤에 유월절 만찬을 드시며 유월절을 지키셨다. 예수님은 니산월 14일에 십자가에 달리셨으며, **정확히** 3일 밤낮을 무덤 안에 계셨다.

안식일은 하나님이 창조사역을 마치고 안식하신 것과, 예수님이 구속사역을 마치고 무덤에서 안식하신 것을 기념하는 절기이다. 예수님은 안식일의 주인이시며, 안식일은 예수님이 누구신지 증거하는 증표이다.

그렇다면 예수님이 죽으신 날이 왜 **니산월 14일**이고, 또 이 날이 왜 **수요일**인가? 왜냐하면 니산월 14일은 하나님이 **영원히** 지키라고 명령하신 유월절이기 때문이다(레 23, 출 12:14).

·예수님은 유월절 어린양으로서 스가랴 9장 9절을 니산월 10일(매주 안식일임)에 성취하셨다. 예수님은 나귀를 타고 예루살렘에 입성하셨으며, 유대인들은 종려나무 가지를 흔들며 환호했다. "오 시온의 딸아, 크게 기뻐할지어다. 오 예루살렘의 딸아, 크게 외칠지어다. 보라, 네 [왕]이 네게 임하시느니라. 그분은 의로우시고 구원을 소유하시며 겸손하사 나귀를 타시되 나귀 새끼 곧 어린 수나귀를 타시느니라."(슥 9:9). 성경은 베다니에서 예루살렘까지는 안식일에 다닐 수 있는 거리라고 말한다. 예수님은 안식일에 예루살렘에 입성하시고 3일 동안(일요일, 월요일, 화요일) 성전에서 가르치셨다.

·출애굽기 12장 25-28절에는 특별한 명령이 있는데, 그것은

이후에 이스라엘의 후손들이 유월절 예식이 무엇을 의미하는지 질문하면 올바른 답변을 해주라는 명령이다. 이 명령의 성취를 위해 예수님께서도 십자가에 달리시기 전날 밤 친히 제자들에게 유월절 만찬의 의미를 알려주셨다. 예수님은 자신이 유월절 어린양(羊)이심을 설명하셨다(눅 22:14-20, 고전 11:23-26). 하나님께서 이스라엘 백성들을 애굽의 속박에서 구출해 내신 것처럼, 예수님도 우리를 죄의 속박에서 구원하시는 것이다. 바로 이 유월절 만찬석상에서 예수님은 자신을 제자들에게 밝히 드러내 보이신 것이다. 만찬을 마치고 예수님과 제자들은 겟세마네 동산으로 간다.

· 예수님은 밤중에 그곳에서 잡히시고 오전 9시경까지 심문을 당하신다. 그리고 십자가에 못박히셨다가 오후 3시경에 운명하신다.

그런데 예수님이 안식일이 끝나기 전(前)에 부활하셨다는 것은 어떻게 증명할 수 있는가? 간단하다. 성경은 예수님이 니산월 14일 오후에 무덤에 들어가셨고 3일 밤낮을 무덤 속에 있었다고 말하기 때문이다. 15일(목요일) 오후가 되면 하루가 지났고, 16일(금요일) 오후가 되면 이틀이 지났고, 17일(토요일) 오후가 되면 3일이 지난 것이다. 예수님은 정확하게 3일 낮과 3일 밤을 지키신 것이다. 만약 예수님이 안식일이 지나서 일몰 후에 부활하셨다면, 이것은 예수님이 3일 낮과 4일 밤을 무덤에 계신 셈이 된다. 한편 막달라 마리아와 또 다른 마리아가 일요일 동틀녘에 예수님의 무덤을 보러 갔다는 것은 그들이 안식일을 지켰음을 반증하는 것이기도 하다(눅 23:56).

> (마 28:1) 안식일이 끝나고 **주의 첫 날이 밝아오기 시작할 때에**
> 마리아 막달라와 다른 마리아가 돌무덤을 보러 갔는데

막달라 마리아와 또 다른 마리아가 일요일 동틀녘에 예수님의 무덤을 보러 갔을 때 예수님은 무덤에 계시지 않았다. 예수님은 그 전날 오후에 벌써 부활하신 것이다.

지금까지 살펴본 바와 같이 성경은 예수님이 언제 죽으셨고 언제 무덤에 들어가셨으며 언제 부활하셨는지 정확하게 말해준다. 단언컨대 예수님은 일요일 새벽에 부활하시지 않았다. 설령 예수님이 일요일에 부활하셨다고 하더라도 성경 어디에서도 안식일이 일요일로 대체된다고 말하지 않는다. 따라서 크리스천들이 주일성수를 주장하는 것은 아무런 근거가 없다. 크리스천들이 일요일을 **그들의** '안식일'로 간주하더라도, 하나님은 자신의 안식일을 다른 날로 바꾸신 적이 없음을 알아야 한다.

또한 일요일 동틀녘에 예수님이 부활했다는 교리는 태양신 숭배 사상에 그 뿌리를 두고 있음을 깨달아야 한다.

> (겔 8:16) 그분께서 나를 데리고 **주의** 집의 안뜰에 이르셨는데,
> 보라, 주의 성전의 문에 주랑과 제단 사이에 스물다섯 명 가량
> 이 있더라. 그들이 자기들의 등은 주의 성전을 향하게 하고 자

기들의 얼굴은 **동쪽을 향하게 한 채 동쪽을 바라보며 태양에게 경배**하더라.

대부분의 크리스천들은 "예수님과 바울이 율법을 끝냈다!"라는 잘못된 교리를 받아들였기 때문에 안식일과 율법과 하나님의 명령으로부터 등을 돌려 버렸다. 그들은 하나님의 명령을 지키지 않기 때문에 하나님이 염려하신 바로 천체숭배(天體崇拜) 행위를 본받고 있다.

(신 4:19) 또 네가 하늘을 향해 눈을 들어 **해와 달과 별들** 곧 하늘의 모든 군대를 보고 끌려가 그것들에게 경배하며 그것들을 섬길까 염려하노니 그것들은 **주** 네 하나님께서 온 하늘 아래 모든 민족들을 위해 나누어 놓으신 것이니라.

많은 크리스천들은 자신들이 일요일에 예배드리는 것이 태양신을 숭배하기 때문이 아니라고 항변한다. 그러나 그들은 하나님의 때와 법(times and laws)을 변개한 그들의 교회에 충성함으로써 결과적으로 하나님을 대적하게 되는 것이다. 일요일 예배는 크리스천들이 인정하든 인정하지 않든 상관없이 이방 종교와 밀접하게 연관되어 있으며 예수님의 가르침과는 하등의 관계가 없다.

제7장
사도행전 15장과 율법 준수

크리스천들은 이방인들이 율법 준수의 의무에서 면제되었다고 주장할 때 사도행전 15장을 제시한다. 그러나 문맥을 자세히 살펴보면 전혀 다른 그림이다. 사도들은 이제 하나님의 왕국에 첫 발을 디딘 초신자 이방인들에게 그들이 **우선적**으로 지켜야 할 명령들을 선별하여 제시하는 것이고, 율법의 나머지 명령들을 지킬 필요가 없다고 단정하는 것이 아니다.

(행 15:19-21) 그러므로 내 판결은 이러하니 곧 우리가 이방인들 가운데서 하나님께 돌아온 자들을 괴롭게 하지 말고 20다만 그들에게 글을 써서 그들이 **우상들의 더러운 것**과 **음행**과 **목매어 죽인 것**과 **피**를 멀리하게 하자는 것이라. 21옛적부터 모세에게는 각 도시에서 그를 선포하는 자들이 있어 안식일마다 회당들에서 모세의 글을 읽느니라, 하더라.

바울 당시의 이방인 신자들은 매주 안식일 회당에 모여 율법에 대해 배워 나갔음을 기억하라. 바울은 이방인 신자들이 우선적으로 4가지 규례를 지켜 나가다 보면 궁극적으로 모든 율법을 지키는 경지에 도달할 것이라고 확신한다. 따라서 사도들은 이방인 신자들이 먼저 준수해야 하는 명령들로서 아래의 4가지를 추려냈다.

① 우상들의 더러운 것
② 음행
③ 목매어 죽인 것
④ 피

위의 4가지 명령들 각각에 대해 자세히 살펴보기 위해, 바룩 **벤 다니엘**(Baruch ben Daniel)의 홈페이지 **메시아**(Mashiyach)[46]의 내용을 발췌하여 정리했다.

우상들의 더러운 것

하나님은 다음과 같은 명령을 주셨다. "너는 내 앞에 다른 신들을 두지 말라."(출 20:3).

다른 신들에게 바쳐진 음식물을 **의도적으로** 먹는 것은 우상에 대한 경외심을 인정하는 행위이므로 금지되어 마땅하다. 다른 신들에

---

46) 홈페이지: http://www.mashiyach.com

게 바쳐진 음식물을 먹지 않는 사람은 또한 자신을 지켜 이방 종교의 풍습에도 물들지 않도록 자신을 지켜 나간다. '우상의 더러운 것'이란 단지 음식물만 의미하는 것이 아니라, 이방 종교 사회의 문화나 가치관 등을 포함하는 개념이다. 또한 자신이 사귀는 친구나 동료 등도 포함된다. 만일 당신이 음식물을 먹는 일에 있어서 성별된 삶을 친구에게 보인다면 전도의 기회가 찾아올 것이다. 우상들의 더러운 것을 멀리하는 것은 가장 기본적인 명령이며, 사람의 혼을 이방 종교로부터 건져내는 능력이 있다. 매사에 있어서 율법을 지키는 성별된 생활을 하는 사람은 하나님의 눈앞에서 거룩한 자들[47]이다.

그러나 거짓 종교는 항상 하나님 말씀에 '대안(代案, alternatives)'을 제시한다. 거짓 종교는 상대주의를 지지하며, '거룩한 분리(성별, 聖別)'보다 실리적 타협을 부추긴다. 예수님과 제자들은 부정한 것이나 우상들의 더러운 것을 결코 입에 대지 않았다. 그들 앞에 차려진 음식이라고 해서 가리지 않고 아무거나 잘 먹는 사람들이 아니었던 것이다.

음행

'음행'이란 모든 종류의 성적(性的) 일탈(逸脫) 행위를 말한다. 그러나 더 넓은 의미로는 이방 종교적 우상숭배나 그들의 풍습을 모방하는 행위도 포함된다.

---

47) 거룩한 자들: 히브리어로 케도쉼(Kedoshim).

신자들은 예수님의 신부(新婦)로서 이방 종교의 음행으로부터 자기 자신을 순결하게 지켜야 한다. 개개인 각각이 하나님의 형상으로 만들어졌으므로 각자가 순결한 삶을 유지해야 하며, 천국에서의 보상도 각자에게 차별적으로 주어질 것이다. 하나님은 우리에게 "옛 사람과 그의 행위를 벗어 버리라"고 말씀하시는 데 반해, 진화론을 수용하는 현대의 거짓 복음은 자아성취와 과학을 고무(鼓舞)하며 하나님 말씀을 짓밟고 올라서서 자신들의 종교를 세우고 있다.

불행하게도 오늘날 기독교계에는 이방 종교에 영합(迎合)하는 일이 버젓이 일어난다. 비근한 예로 주일예배는 태양신 숭배에 그 바탕을 두고 있다. 또한 기독교의 부활절은 이스터(Easter)[48]라는 성(性, sex)의 여신을 기념하는 이방 축제일에서 연유한다. 부활절 계란은 이방 종교의 다산(多産)의 상징이다. 그리고 크리스마스도 담무스(Tammuz)라는 성(性, sex)의 남신을 기념하는 이방 축제일에서 연유한다. 크리스마스 트리에 매달린 작은 방울 장식은 담무스의 고환(睾丸)을 상징하고, 크리스마스 트리로 사용되는 상록수는 담무스의 부활을 의미한다. 음행을 멀리한다는 것은 영적으로 이방 종교로부터의 분리를 의미하기 때문에, 복음(the gospel)에 이방 종교적 요소를 가미하는 혼합주의(syncretism)를 허용해서는 안 된다.

(딤후 4:3-5) 때가 이르리니 그들이 **건전한 교리**를 견디지 못하며 귀가 가려워 자기 욕심대로 자기를 위해 선생들을 쌓아 두고 4또 진리로부터 귀를 돌이켜 꾸며낸 이야기들로 돌아서리

---

48) 이스터: 이쉬타(Ishtar)라고도 불림.

라. ⁵그러나 너는 모든 일에서 깨어 있고 고난을 견디며 복음 전도자의 일을 행하고 네 사역을 온전히 입증하라.

목매어 죽인 것

(레 22:8) 또 그는 저절로 죽은 것이나 짐승에게 찢긴 것을 먹음으로 자기를 더럽히지 말지니라. 나는 **주**니라.

(신 14:21) 너는 **주** 네 하나님께 거룩한 백성이므로 너희는 **저절로 죽은 것**은 먹지 말지니라. 너는 네 성문 안에 거하는 나그네에게 그것을 주어 먹게 하거나 이방 사람에게 팔 수 있느니라. 너는 염소 새끼를 그것의 어미의 젖에 삶지 말지니라.

윗구절에서처럼 신자는 저절로 죽은 짐승의 고기나 다른 짐승에게 죽임을 당한 짐승의 고기를 먹어서는 안 된다. 또한 신자는 목매어 죽인 짐승의 고기도 먹어서는 안 된다. 신자들은 일부의 도축업자들이 여전히 목을 매달아 짐승을 죽인다는 사실을 인지하고 있어야 한다. 특히 이방인 신자들은 고기를 구입하는 데 있어서 각별한 주의가 요망된다.

예수님의 초림 이전에 이스라엘 백성들이 자신의 속죄 헌물로서 희생될 짐승을 성전으로 가져오는 상황을 상상해 보자. 또한 하나님의 절기를 기념하기 위해 바쳐질 짐승을 가져오는 상황을 상상해 보자. 엄숙하고 즐거운 의식에 사용될 짐승을 학대할 수 있겠는가?

그 짐승을 통해 용서와 은혜 그리고 축복이 베풀어진다는 것을 알고 있다면 그 짐승을 소중히 대해 줄 것이다. 동물에게 관대함을 보이지 않는 사람은 다른 **사람**에게도 친절함을 보일 수 없다!

율법은 동물에 대한 복지(welfare)를 지지한다. 율법이 추구하는 정의와 긍휼은 미물(微物)인 동물들에게도 널리 적용되어야 한다. 율법은 우주적이며 영속적인 것이기 때문이다. 율법은 하나님이 전(全) 우주를 대상으로 설계하신 것이므로 무엇에 적용하든지 정확하게 들어맞는다. 정결한 짐승과 부정한 짐승에 대한 구분 및 짐승을 도축하는 방법 등도 인간의 유익을 위해 꼭 들어맞도록 하나님이 마련해 주신 율법이므로 반드시 지켜야 하는 것이다.

동물의 복지를 고려한다는 것은 인간의 복지는 더 말할 나위 없이 중요하다는 것을 뜻한다. 인간의 존엄성은 지켜져야 한다! 율법에는 이러한 사상과 정신이 충분히 배어 있다.

(출 34:14-16) 너는 **다른 신에게 경배하지 말라.** 주는 질투라는 이름을 가진 질투하는 하나님이니라. ¹⁵너는 그 땅의 거주민들과 언약을 맺지 말라. 그들은 자기들의 신들을 따라 음행의 길로 가고 자기들의 신들에게 희생물을 드리나니 한 사람이 너를 청하면 네가 그의 희생물을 먹을까 염려하노라. ¹⁶또 네가 네 아들들을 위해 그들의 딸들을 취하므로 그들의 딸들이 그들의 신들을 따라 음행의 길로 가고 또 네 아들들로 하여금 그들의 신들을 따라 음행의 길로 가게 할까 염려하노라.

윗구절은 매우 직설적인 명령이다. 이러한 하나님의 명령에 대해 기독교계는 부끄러워해야 할 것이다. 왜냐하면 그들은 그들의 자녀들을 영적 음행의 길로 내몰고 있기 때문이다. 그들은 크리스마스 트리를 장식하는 일이 이방신을 섬기는 일이며, 부활절 계란에 색칠하는 것이 이방 여신을 기념하는 일인 줄 깨닫지 못하는 것이다. 이런 것들은 현대에 자행되는 우상의 더러운 것을 먹는 행위인 것이다.

피

(레 7:26-27) 또한 너희는 너희의 모든 거처에서 날짐승의 피나 짐승의 피나 무슨 **피**든지 먹지 말지니라. ²⁷어떤 혼이든지 무슨 피라도 먹으면 그 혼은 자기 백성에게서 끊어지리라.

이 명령이 뜻하는 바는 아주 분명하므로 설명이 필요없다. 피를 먹지 말라!

(레 17:12-13) 그러므로 내가 이스라엘 자손에게 말하기를, 너희 중에서 어떤 혼도 **피를 먹지 말며** 너희 가운데 머무는 어떤 타국인도 피를 먹지 말라, 하였나니 ¹³이스라엘 자손이나 너희 가운데 머무는 타국인 중에 누구든지 먹을 수 있는 짐승이나 날짐승을 사냥해 잡는 자는 그것의 피를 쏟고 흙으로 그것을 덮을지니라.

신자들은 피를 먹지 않기 위해서 짐승을 도살할 때 하나님이 명령하신 말씀에 따라야 한다. 율법은 짐승을 도살하는 방법을 명시적으로 언급하지는 않지만, 성경을 전체적으로 연구하면 짐승을 도축하는 올바른 방법을 추론해 낼 수 있다.

창세기 22장 10절에는 희생 헌물을 드리는 방법이 묘사되어 있다. "자기 손을 내밀어 칼을 잡고 자기 아들을 죽이려 하더니"(창 22:10). 아브라함은 아들 이삭을 **단칼에 찔러 죽이려** 했던 것이다.

> **(창 22:13)** 아브라함이 눈을 들어 살펴보니 보라, **뿔이 덤불에 걸린 숫양 한 마리**가 자기 뒤에 있으므로 아브라함이 가서 그 숫양을 가져다가 자기 아들을 대신해 번제 헌물로 드렸더라.

이 사건이 우리의 구주 예수님을 예표하는 모형적 사건임을 독자도 알 것이다. 그때 아브라함과 이삭에게 숫양이 대신 흘려 준 피는 얼마나 고맙고 은혜스러운 것이었을까 상상해 보라. 그들이 숫양에게 얼마나 감사하고 미안하게 느꼈을까 상상해 보라. 숫양이 피를 흘렸기 때문에 이삭은 피를 흘릴 필요가 없어졌던 것이다. 따라서 이 사건은 예수님을 예표하는 것뿐만 아니라 우리가 동물을 어떻게 대해야 하는지에 대한 힌트를 준다. 피를 먹지 않는 것은 피의 중요성을 인정한다는 것이며, 생명의 중요성을 인정하는 것이다. 모든 생명은 그 생명을 주신 하나님께 소중한 것이다!

> **(창 9:3-6)** 살아서 움직이는 모든 것은 너희에게 먹을 것이 될

것이요, 푸른 채소와 같이 내가 모든 것을 너희에게 주었노라. ⁴그러나 너희는 고기를 그것의 생명과 함께, 곧 그것의 **피와 함께 먹지 말지니라.** ⁵내가 반드시 너희 생명의 너희 피를 요구하리니 모든 짐승의 손에서 그것을 요구할 것이요, 사람의 손에서, 곧 각 사람의 형제의 손에서 사람의 생명을 요구하리라. ⁶누구든지 사람의 피를 흘리는 자는 사람에 의해 자기 피를 흘리리니 이는 하나님이 자신의 형상으로 사람을 만들었기 때문이니라.

'피를 멀리하라'는 것은 부정적인 명령이지만, 한편으로 '모든 생명을 귀하게 여기라'는 긍정적인 명령으로도 해석할 수 있다. '피를 멀리하라'는 명령은 '목매어 죽인 것을 멀리하라'는 명령을 이해하는 데에도 도움을 준다. 짐승을 칼로 죽이지 않고 목을 매어 죽이면 짐승이 고통을 느끼면서 죽을 뿐 아니라 피를 완전히 흘려 빼낼 수 없기 때문이다.

동물의 복지와 생명을 존중한다면 그들을 도축할 때 고통을 느끼지 않도록 배려해야 한다. 단숨에 동물을 베면 그 동물은 자기가 칼에 베어 피를 흘리며 죽어 가는 사실을 모른 채 고통 없이 죽을 수 있다. 물론 이러한 도축 방법에 관한 주제들이 채식주의자에게는 해당 사항이 없겠지만, 도축한 고기를 직접 구입하는 사람에게는 유의해야 할 사항이다. 만일 독자가 예수님을 믿는 신자로서 여름날 바베큐를 즐기는 사람이라면 **절대로** 목매어 죽인 고기는 먹지 말아야 할 것이다. 핑계나 변명은 사절한다. 우리가 하나님의 율법을 철저히 지킬 때 우리는 하나님께 더욱 가까이 다가간다. 이러한 율법을 가볍게 여기는 사람은 하나님의 왕국과 예수님의 피로 이루신 구속으로부터 점점 멀리 떨어져 가게 된다.

동물을 도축하는 사람은 동물의 피와 동물의 생명은 본질상 동일한 것임을 알아야 한다. 생명에 대한 경외심을 가지고 도축할 대상에게 친절함을 보여야 한다.

사도행전 15장과 할례

많은 크리스천들은 사도행전 15장 22-35절을 제시하며 할례는 오로지 유대인만을 위한 것이라고 주장한다. 이러한 주장을 하는 사람은 하나님의 말씀인 창세기 17장을 다시 정독할 필요가 있다. 이구절에서 보면 이스라엘로 들어온 타국인에게도 할례가 시행되었음을 알 수 있다.

> (창 17:11-14) 너희는 너희 포피의 살을 베어 내라. 그것이 나와 너희 사이에 맺는 언약의 증표가 되리라. ¹²너희 대대로 모든 사내아이는 집에서 태어난 자든지 또는 **네 씨에서 난 자가 아니라 타국인에게서 돈으로 산 자든지** 난 지 여드레가 되면 너희 가운데서 할례를 받을지니라. ¹³**네 집에서 태어난 자든지 네 돈으로 산 자든지** 반드시 할례를 받아야 하리니 그리해야 내 언약이 너희 육체에 있어 영존하는 언약이 되리라. ¹⁴포피의 살을 베어 내지 아니하여 할례를 받지 않은 사내아이 곧

그 혼은 자기 백성에게서 끊어지리니 그는 내 언약을 범했느
니라.

네짜리 아람어/영어 병행 성경의 주석에 의하면, 사도행전 15장
28-29절은 하나님의 율법을 지키는 일에 있어서의 **완급(緩急)**과 우
선순위를 보여준다. 할례는 성령님이 원하시는 명령임에 틀림없다.
그러나 새신자들이 당장 할례를 받아야 한다고 강요하는 것이 아니
다. 율법을 먼저 배워 나가고 생활에서 지켜 나가는 것이 중요한 급
선무이다. 율법을 공부해 어느 정도 통달하고 난 다음에 자발적인
결정에 의해 할례를 받으면 되는 것이다. 순서가 바뀌면 안 된다.
하나님의 말씀을 적용할 때는 성령님이 주시는 지혜와 분별력을 사
용하는 것이 필요하다.

우리 모두를 자신의 보혈로 대속해 주신 예수님은 율법 준수자이
셨다는 사실을 명심하라. 예수님도 할례를 받으셨으므로, 예수님을
닮으며 살고자 하는 신자들도 당연히 할례를 받아야 할 것이다.

제8장
율법은 저주인가?

(신 4:39-40) 그런즉 이 날 너는 위로 하늘에서와 밑으로 땅에서 주 그분은 하나님이시요, 다른 신이 없는 줄을 알아 그것을 마음속으로 깊이 생각하고 40그런 까닭에 이 날 내가 **네게 명령하는 그분의 법규와 명령을 지키라.** 그리하여야 너와 네 뒤를 이을 네 자손들이 잘되고 주 네 하나님께서 **영원토록** 네게 주시는 땅에서 네가 네 날들을 길게 하리라.

신명기 4장 40절은 '그런 까닭에(therefore)'로 시작된다. 즉 바로 뒤에 중요한 결론이 나온다는 뜻이다. "내가 네게 명령하는 그분의 법규와 명령을 지키라. 그리하여야 너와 네 뒤를 이을 네 자손들이 잘되고 주 네 하나님께서 영원토록 네게 주시는 땅에서 네가 네 날들을 길게 하리라." 이 얼마나 분명한 말씀인가? 하나님을 믿는다고 하는 자는 반드시 율법을 지켜야 한다.

반복되지만 중요하므로 다시 강조하겠다. 하나님이 모세를 통해 율법을 주신 것은 인간의 유익을 위한 것이므로 축복이지 결코 저주가 될 수 없다. 율법은 우리가 선과 악을 분별할 수 있게 해주고 하나님을 올바로 섬길 수 있도록 해준다.

율법을 지키는 행위가 저주의 행위일 수는 없다. 저주가 내려져야 할 대상은 믿음 없이 율법의 행위로 구원에 도달하려는 인간의 허무한 노력이다. 인간은 연약하므로 늘 넘어지기 쉽고 미혹되기 쉽다. 하나님의 율법은 그러한 우리들에게 우리들의 유익을 위해 주어진 것이다. 하나님은 인간을 창조하신 후에 아무런 방호벽이 없는 황량한 벌판에 인간을 홀로 내버려두고 스스로 모든 위험에서 보호하라고 하시는 분이 아니다. 그분은 우리가 안전하고 거룩한 삶을 영위할 수 있도록 보호해 주는 안내서인 율법을 주셨다. 크리스천들은 613개 조의 율법은 고사하고 십계명조차 거부해 버리며 겨우 두 가지 명령만 예수님께로부터 받았다고 주장한다.

> (마 22:37-40) 예수님께서 그에게 이르시되, 너는 네 마음을 다하고 혼을 다하고 생각을 다해 [주] 네 **하나님을 사랑**하라. [38]이것이 첫째가는 큰 명령이요, [39]둘째 명령은 그것과 같은 것으로서, 너는 **네 이웃을 네 자신과 같이 사랑**하라, 이니라. [40]모든 율법과 대언자들의 글이 이 두 명령에 매달려 있느니라, 하시니라.

윗구절이 오직 두 가지 명령만 지키면 되고 나머지 명령들은 모두 폐지되었다고 말하는가? 40절을 다시 한번 읽어 보라. "모든 율법과 대언자들의 글을 무시하라!"인가? 딱 두 가지 명령만 지키면 된다고 하는 사람에게 필자는 다음과 같은 질문을 하고 싶다. 사람이 거짓말하지 말아야 하고, 살인하거나 훔치지 말아야 하고, 간음하지 말아야 한다는 것을 근본적으로 어디에서 배웠는가? 자신의 부모에게서 배웠는가? 아니면 친구에게서? 도대체 누가 이런 것들을 하지 말라고 가르쳐 주었단 말인가? 경건한 삶이 무엇인지 누가 바르게 정의해 줄 수 있다는 말인가? 하나님이 그 답이다. 하나님만이 인간이 마땅히 지켜야 하는 도덕(道德)을 결정하실 수 있다. 그리고 도덕은 딱 두 가지만 있는 것이 아니다. 은혜로우신 하나님께서는 인간을 사랑하셔서 인간이 행해야 하는 여러 가지 규범을 계시해 주셨고 인간이 그것들에 따라 살기를 원하신다.

길거리에서 아무나 붙잡고 십계명의 항목들이 무엇인지 물어보라. 아니 단 두세 가지만이라도 아느냐고 물어보라. 아마도 십계명을 다 알고 있는 단 한 사람을 만나기까지 한참 걸릴 것이다. 이것은 우리 사회의 도덕 수준이 땅에 떨어지고 경건치 못한 행위를 관용하거나 심지어 조장하는 사회 분위기와 무관치 않은 현상이다.

마태복음 22장 37-40절을 문맥을 생각하며 묵상해 보면, 하나님을 진실로 사랑하는 자는 율법을 지키기 위해 모든 것을 희생할 각오가 되어 있는 사람을 의미한다. 이 구절에 대해 **네짜리 아람어/영어 병행 성경**의 주석을 참고해 보자.

모든 율법과 대언자들의 글은 두 가지의 **사랑하라**는 명령에 매달려 있다. 그런데 하나님을 **사랑하는 자**는 하나님의 명령을 지키는 자이다(마 19:17, 요일 5:2-3). 따라서 사랑 없이 하는 율법 준수는 헛되며, 율법 준수 없이 하는 사랑도 헛되다. 하나님의 거룩한 율법이 없는 자는 인생에서 길을 잃고 헤매는 자이다. 율법은 과거에도 있었고 현재에도 있으며 미래에도 영원히 있게 될 것이다.

(딤후 3:16) **모든 성경 기록**은 하나님의 영감으로 주신 것으로 교리와 책망과 바로잡음과 의로 교육하기에 유익하니

윗구절은 신약성경[49]에 기록된 구절로서 "모든 성경 기록은 하나님의 영감으로 주신 것"이라고 되어 있지, "율법서를 제외한 모든 성경 기록은 하나님의 영감으로 주신 것"이라고 되어 있지 않다.

구약성경[50]에는 이방인들이 이스라엘 백성으로 들어오려면 그들이 행해 왔던 이방 종교의 행위를 끊어 버려야 함을 반복적으로 보여준다. 이스라엘 백성으로 들어온 타국인들에게 적용되는 율법은 이스라엘 백성에게 적용되던 바로 그 율법이다. 그들에게는 공통적으로 적용되는 **오직 하나의 율법**만 있다. 하나님은 분명하게 다음과 같이 말씀하신다.

---

49) 신약성경: 히브리어로 브리트 하다샤(Brit Chadasha).
50) 구약성경: 히브리어로 타나흐(Tanakh).

(출 12:49) 집에서 태어난 자에게나 너희 가운데 머무는 타국인에게나 한 법을 적용할지니라, 하셨으므로

누구든지 아브라함과 이삭과 야곱의 하나님을 믿는 자는 모두 하나님의 눈앞에 동일하다. 따라서 누구든지 동일하게 순종해야 한다.

(레 17:8-9) 너는 또 그들에게 말하라. 이스라엘의 집 사람이나 너희 가운데 머무는 **타국인** 중에 누구든지 번제 헌물이나 희생물을 드리고 ⁹회중의 성막 문으로 그것을 가져다가 주께 드리지 아니하면 그 사람은 자기 백성 가운데서 끊어지리라.

(민 9:14) 만일 타국인이 너희 가운데 머물며 주께 유월절을 지키고자 하면 그는 유월절의 규례와 그것의 관례를 따라 그대로 행할지니 너희는 **타국인**에게나 그 땅에서 태어난 자에게나 다 한 규례를 취할지니라.

(신 31:12-13) 백성들 곧 남자와 여자와 아이들과 **네 문안에 거하는 나그네**를 함께 모아 그들이 듣고 배우고 주 너희 하나님을 두려워하며 이 율법의 모든 말씀을 지켜 행하게 할지니 ¹³이것은 아무것도 알지 못한 그들의 자손들이 너희가 요르단을 건너가 소유할 땅에 사는 동안 듣고 주 너희 하나님 두려워하기를 배우게 하려 함이니라.

생각해야 할 문제

(신 32:21) 그들이 하나님이 아닌 것으로 나를 움직여 질투하게 하며 자기들의 헛된 것들로 내 분노를 일으켰으니 나도 **백성이 아닌 자들**로 그들을 움직여 질투하게 하며 어리석은 민족으로 그들의 분노를 일으키리라.

구약성경에서 이방인(gentile), 이교도(heathen), 이방 종교 숭배자(pagan) 는 서로 같은 의미로 사용된다. 이방인이라 함은 하나님을 경배하지 않는 비유대인을 의미한다(스 6:21, 느 5:8-9, 사 9:1, 사 42:6).

(롬 10:19) 그러나 내가 말하노니, 이스라엘이 알지 못했느냐? 먼저 모세는 이르기를, 내가 **백성이 아닌 자들**을 시켜 너희의 질투를 일으키며 어리석은 **민족**(nation)을 시켜 너희의 분노를 자아내게 하리라, 하나

윗구절의 '백성이 아닌 자들'이란 이방인을 말한다. **크리스천**을 말하는 것이 아니다. 크리스천은 '나라(nation)'가 아니지 않은가?

(롬 11:11) 그러므로 내가 말하노니, 그들이 실족함으로 넘어지게 되었느냐? 결코 그럴 수 없느니라. 오히려 그들의 넘어짐을 통해 구원이 이방인들에게 이르렀으니 이것은 그들이 **질투하**

게 하려 함이니라.

윗구절에서 바울이 말하는바 이스라엘에 접붙임이 되어 유대인의 질투를 촉발하는 자들은 '크리스천'이나 '교회'가 아니다. '이방인들'이다. 다시 말하면, 유대인들이 질투하는 대상은 수많은 교파에 속해 있는 크리스천들이 아니고, 하나님의 말씀인 율법을 지키고 예수님을 믿는 이방인 신자들[51]인 것이다.

> (슥 8:23) 만군의 **주**[52]가 이같이 말하노라. 그 날들에는 민족들의 모든 언어 중에서 열 사람이 나와서 붙들되 곧 유대인인 사람의 옷자락을 붙들고 말하기를, 우리가 너희와 함께 가려 하노니 하나님께서 너희와 함께하심을 우리가 들었노라, 하리라, 하시니라.

이방인 신자들은 좋은 올리브나무에 접붙임된 자들이다. 이방인 신자들은 이스라엘을 통해 함께 올리브나무의 뿌리와 기름짐에 참여하게 되었다.

> (롬 11:17-18) 또한 그 가지들 중에서 얼마가 꺾이고 야생 올리브나무인 네가 그들 가운데 **접붙여져서** 그들과 함께 올리브나무의 뿌리와 기름짐에 참여하게 되었을진대 [18]그 가지들을 향

---

51) 율법을 지키고 예수님을 믿는 이방인 신자들: 메시아닉 신자들(Messianic believers).
52) 만군의 주: 히브리어로 아도나이 쩨바옷(Adonai Tzva'ot).

해 자랑하지 말라. 자랑할지라도 네가 뿌리를 지탱하지 아니
하며 뿌리가 너를 지탱하느니라.

다시 말하지만, 유대인의 질투를 자아내는 자들은 예수님을 믿고
율법도 준수하는 이방인 신자들이다. 그들은 하나님의 뜻에 따라
걷는 자들이므로 육체의 연약함을 벗어 버린 자들이다. 이러한 이
방인 신자들을 '율법주의자'라고 손가락질하는 자들은 그들 자신이
성경적으로 완전히 빗나간 자들임을 깨닫지 못한다. 성경은 율법
준수를 계속해서 반복적으로 촉구하고 있음을 알아야 한다.

(수 1:8) 너는 이 율법 책을 네 입에서 떠나지 말게 하며 밤낮
으로 그것을 묵상해 그 안에 기록된 대로 **다 지켜 행하라.** 그
리하면 네가 네 길을 형통하게 하며 또한 크게 성공하리라.

이 책에서 여러 번 반복해 강조한 것처럼, 예수님은 율법 준수
자이시며 안식일과 절기를 지키셨고 음식 규례를 따르는 유대인이
셨다. 예수님은 구약에서 예언된 마지막 속죄 헌물이다. 예수님
을 유대적인 배경으로부터 분리시키는 것은 마틴 루터 킹[53](Martin
Luther King) 목사를 미국 흑인이라는 배경으로부터 분리시키는 것과
같다.

---

53) 마틴 루터 킹: 미국의 침례교 목사이자 비폭력 흑인 인권 운동가임.

(창 49:10) 실로[54]가 오실 때까지 홀(笏)이 유다를 떠나지 아니하며 법을 주는 자가 그의 발 사이에서 떠나지 아니하리니 그에게 백성이 모이리로다.

크리스천들은 인정하기 어려울지 모르지만 기독교에 대한 유대인들의 사고방식을 이해하는 것이 중요하다. 유대인들은 아브라함과 이삭과 야곱의 하나님을 전혀 닮지 않은 '지저스(Jesus)'를 따르기 위해 자신들이 수천 년 동안 지키고 믿어 온 율법을 절대 버릴 수 없는 것이다.

예수님은 우리들에게 복음을 전파하라고 명령하셨고(마 28:18), 바울도 이방인 신자들이 유대인으로 하여금 질투하게 만든다고 했다(롬 10:19, 11:11, 11:14).[55] 그러나 복음을 전파할 때는 반드시 하나님이 인정하시는 **참된 복음**을 전파하는 것이 중요하다.

현대의 유대인들 중에는 참된 **진리**를 깨닫게 되어 예수님을 메시아로 받아들인 메시아닉 유대교 신자가 일부 있지만, 아직도 예수님을 모르고 영적 소경의 상태로 있는 유대인들이 대부분이다(그러나 그들의 눈도 조만간 뜨여서 진리를 보게 될 것이다. 중동 상황 및 세계 정세를 보고 판단하건대, 우리가 다니엘서나 요한계시록에 언급된 마지막 시대를 살고 있음이 확실하다). 하나님이 유대인들을 전세계로 흩으신 것은 자신의 말씀을 전파하기 위함이었다. 유대인들이 흩어지지 않았다면 아마도 우리는 하나님에 대해 들어 볼 기회조차 없었을 것이다. 그랬다

---

54) 실로(Shiloh): 메시아를 의미함.
55) 롬10:19, 11:11, 11:14: 신32:21의 성취임.

면 하나님을 신뢰하는 극소수의 유대인만이 존재하고 세상의 나머지 인구들은 하나님에 대해 들어 보지도 못한 채 이방 종교에 빠져 허우적거리고 있었을 것이다.

만일 독자가 유대인을 예수님께로 인도할 기회를 만나게 되면 다음 사항을 명심하라. 즉 전통적 유대인에게 다음과 같은 전도 방법으로 접근한다면, 전도를 시작하자마자 '땡!' 하고 조종[56](弔鐘, knell) 소리를 듣게 될 것이다. "예수님은 당신을 사랑하십니다. 예수님은 당신을 위해 죽으시고 율법을 십자가에 못박으셨습니다. 이제 당신은 더 이상 율법을 지킬 필요가 없습니다. 예수님이 성취하신 이러한 사실을 믿지 않는다면 당신은 지옥에 떨어질 것입니다." 오직 하나님만이 누가 지옥에 갈지 혹은 천국에 갈지 결정하신다. 도대체 왜 유대인들이 자신들의 고대(古代)로부터 지켜오던 율법과 어긋나게 가르치는 '지저스'를 추종하겠는가? 도대체 왜 유대인이 자신들에게 '지저스'를 믿지 않는다고 온갖 핍박을 일삼은 '지저스'의 추종자인 크리스천들의 말을 듣겠는가?

최근에 필자는 한 유명한 크리스천 복음 전파자가 "마지막 날에 유대인들도 결국 모두 크리스천이 될 것이다!"라고 설교하는 것을 들은 적이 있다. 또한 한 유명한 작가가 "만약 미국의 모든 유대인들이 크리스천이 된다면 미국은 가장 살기 좋은 나라가 될 것이다!"라고 적은 글을 읽은 적이 있다. 완전 무지의 소치라고 할 수밖에 없다. 유대인은 절대로 크리스천이 될 수 없다. 그리고 미국은 하나님의 택한 백성인 유대인 때문에 이미 많은 축복을 받았다. 비록

56) 조종: 죽음의 종소리.

대부분의 유대인들이 그들의 메시아가 벌써 오셨고 또한 다시 오신다는 것을 모르고 있을지라도, 그들은 최소한 하나님이 어떠한 분이신지 잘 알고 있고 또한 하나님은 언제나 유대인들을 보살핀다는 사실도 잘 알고 있다.

(렘 31:35-37) 주가 이같이 말하노라. 그는 해를 낮의 빛으로 주고 달과 별들의 규례들을 밤의 빛으로 주며 바다의 파도가 소리칠 때에 바다를 나누나니 만군의 주가 그의 이름이니라. 36 만일 그 규례들이 내 앞에서 떠나 없어진다면 그때는 이스라엘의 씨도 내 앞에서 끊어져 영원히 민족이 되지 못하리라. 주가 말하노라. 37주가 이같이 말하노라. 만일 사람이 위로 하늘을 잴 수 있고 아래로 땅의 기초들을 찾아낼 수 있을진대 나 또한 이스라엘의 씨가 행한 모든 것으로 인해 그들을 다 버리리라. 주가 말하노라.

정통 유대교 신자는 율법을 준수하고 하나님의 뜻을 행하고 있으므로 하나님의 심판 때에 호의를 받을 수 있을 것이다. 그럼에도 불구하고 그들은 오늘날까지도 우리의 마지막 속죄 헌물이 되신 예수님을 인정치 않고 있다. 그래도 마지막 때에는 그들도 예수님을 받아들일 것이라고 성경은 예언한다.

(롬 11:25-26) 형제들아, 너희가 스스로 지혜 있는 것으로 여기지 않게 하기 위해 이 신비에 대해 너희가 모르기를 내가

원치 아니하노니, 이 신비는 곧 **이방인들의 충만함이 이르기까지 이스라엘이 부분적으로 눈멀게 된다**는 것이라. 26그리하여 모든 이스라엘이 구원을 받으리라. 이것은 기록된바 시온에서 구출자가 나와 야곱에게서 경건치 아니한 것을 돌이키리니

창조자이신 하나님만이 자신이 원하는 모든 자에게 영생을 줄 수 있다. 인간 중에 어느 누구도 천국에 들어갈 수 있는 자를 결정할 권한이 없다. 예수님을 통하지 않고는 하나님께로 갈 수 없다.

(요 14:6) 예수님께서 그에게 이르시되, 내가 곧 길이요 진리요 생명이니 나를 통하지 않고는 아무도 [아버지]께 오지 못하느니라.

바울도 이러한 점에 관하여 다음과 같이 분명히 밝혔다.

(롬 1:16) 내가 그리스도의 복음을 부끄러워하지 아니하노니 이는 그 복음이 믿는 모든 자를 구원에 이르게 하시는 하나님의 권능이기 때문이라. 먼저는 유대인에게요 또한 그리스인에게로다.

예수님은 제자들에게 복음을 전파하라고 명령하셨다.

(마 28:19-20) 그러므로 너희는 가서 모든 민족들을 가르치고 [아버지]와 [아들]과 [성령]의 이름으로 그들에게 침례를 주며 20내가 너희에게 명령한 **모든 것을 그들에게 가르쳐 지키게 하라**. 보라, 내가 세상의 끝까지 항상 너희와 함께 있으리라, 하시니라. 아멘.

이 책의 첫 부분에서 제안한 대로, 만일 독자가 하나님 말씀의 신실한 청지기가 되고자 하며 죄악된 세상에서 복음의 증인이 되고자 한다면, 설교 시간에 들은 목사님의 말은 잊어버리고 스스로 성경을 펼쳐서 과연 **성경**은 무엇이라 말하는지 살펴야 할 것이다. 독자가 이 책을 여기까지 읽었으면, 목사님의 말과 성경이 서로 다르다는 사실을 인정하리라 기대한다.

또한 책머리에서 필자는 독자에게 선지자 **미가**의 다음과 같은 질문을 잘 기억해 두라고 말했었다. "내가 **무엇을 가지고 주 앞에 나아가며** 높으신 하나님 앞에서 절을 할까? 내가 번제 헌물과 일년 된 송아지를 가지고 그분 앞에 나아갈까?"(미6:6).

만일 독자가 이 책을 읽어 오면서 율법이 무엇인지 바르게 파악했다면, 미가 선지자의 질문에 대한 답변은 자명해진다. 하나님 말씀에 대한 **순종**, 즉 율법에 대한 **순종**이 해답이다. 하나님께 나아가고자 하는 자는 인간의 이념이나 신학 그리고 이방 종교적 요소 등을 철저히 제거해야 하는 것이다.

(시 119:33-34) (헤) 오 주여, 주의 법규들의 길을 내게 가르치소서. 내가 끝까지 그 길을 지키리이다. 34. 내게 명철을 주소서. **내가 주의 법을 지키리니 참으로 내 온 마음으로 그것을 준수하리이다.**

애석하지만 크리스천 목사님들은 율법을 배척하므로 거룩하지 못하다. 그들은 하나님께 대해 성별(聖別)되지 않은 것이다. 거룩한 삶을 살기 위해서는 예수님이 보여주신 율법 준수의 발자취를 따르는 삶을 살아야 한다.

대부분의 크리스천들에게 '거룩'이라는 의미는 자신의 교단이 주장하는 교리에 충실하는 것이다(미국의 교회는 정식 회원이 되고자 하는 사람에게 교리 동의서에 서명하도록 한다). 그들은 자신이 속한 교회가 폭발적인 영적 성장(?)을 하도록 '가려운 귀를 긁어 주는' 설교를 끊임없이 원한다. 당신은 이러한 일들을 심판의 날에 하나님 앞에 내어 놓겠는가? 아니면 하나님의 심판석 앞에 서서 다음과 같이 담대히 말하겠는가? "아바 아버지, 저는 당신의 뜻을 행하였나이다."

(마 7:21-23) 내게 [주]여, [주]여, 하는 자가 다 하늘의 왕국에 들어가지 아니하고 오직 하늘에 계신 내 [아버지]의 뜻을 행하는 자라야 들어가리라. ²²그 날에 많은 사람들이 내게 이르기를 [주]여, [주]여, 우리가 주의 이름으로 대언하지 아니하였나이까? 주의 이름으로 마귀들을 내쫓지 아니하였나이까? 주의 이름으로 많은 놀라운 일을 행하지 아니하였나이까? 하리

니 ²³그때에 내가 그들에게 밝히 말하되, 내가 너희를 결코 알

지 못했노라. 불법을 행하는 자들아, 너희는 내게서 떠나라,

하리라.

한 마디 충고: 만일 독자가 이 책에 설명된 율법의 개념을 바로 깨

닫고 이제부터 율법을 지키겠다는 거룩한 결심을 했다면, 율법을

깨닫지 못한 자들로부터의 핍박을 예상하고 감수하라. 필자의 경험

에 비추어 보건대, 그들은 아마도 율법 문제와 관련하여 필사적으

로 당신을 공격할 것이다. 이러한 핍박이 올 때 당신이 할 수 있는

최선의 행동은 하나님의 말씀에 매달리고 다음과 같은 질문을 되

뇌이는 것이다. "내가 섬기는 신은 하나님인가 맘몬 인가?" 또한 고

난을 당할 때 다음과 같은 예수님의 말씀을 기억하라.

(마 10:21-22) 또 형제가 형제를, 아버지가 자식을 죽음에 넘겨

주며 자식들이 자기 부모를 대적하여 일어나 그들을 죽게 하

리라. ²²또 너희가 내 이름으로 인하여 모든 사람에게 미움을

받을 터이나 **끝까지 견디는 자**는 구원을 받으리라.

(마 10:34-36) 내가 땅에 화평을 보내러 온 줄로 생각하지 말

라. 나는 화평이 아니라 검을 보내러 왔노라. ³⁵사람이 자기

아버지를, 딸이 자기 어머니를, 며느리가 자기 시어머니를 대

적하여 불화하게 하려고 내가 왔나니 ³⁶사람의 원수가 자기

집안사람들이리라.

(마 10:37-39) 아버지나 어머니를 나보다 더 사랑하는 자는 내게 합당하지 아니하고 아들이나 딸을 나보다 더 사랑하는 자도 내게 합당하지 아니하며 ³⁸또 자기 십자가를 지고 내 뒤를 따르지 아니하는 자도 내게 합당하지 아니하니라. ³⁹자기 생명을 찾는 자는 그것을 잃을 것이요, 나로 인하여 자기 생명을 잃는 자는 그것을 찾으리라.

마치면서

(슥 13:4-9) 또 그 날에는 대언자들이 대언하였을 때에 저마다 자기 환상을 부끄러워하며 그들이 속이려고 거친 옷도 입지 아니하고 ⁵오히려 그가 말하기를, 나는 결코 대언자가 아니요, 나는 농부라. 나의 어린 시절부터 사람이 내게 가축 치는 것을 가르쳤노라, 할 것이요, ⁶또 사람이 그에게 이르기를, 네 두 손에 있는 이 상처들은 무엇이냐? 하면 그가 대답하기를, 그것들은 내가 내 친구들의 집에서 입은 상처들이라, 하리라. ⁷만군의 주가 말하노라. 오 칼아, 깨어서 내 목자 곧 내 동료인 자를 치라. 목자를 치라. 그리하면 양들이 흩어지리니 내가 내 손을 돌이켜 작은 자들 위에 두리라. **⁸주가 말하노라. 그 온 땅에서 그 안의 삼분의 이는 끊어져 죽을 것이요, 오직 삼분의 일만 그 안에 남으리라.** ⁹내가 그 삼분의 일을 불 가운데로 지

나게 하고 은을 정제하듯 그들을 정제하며 금을 단련하듯 단련하리라. 그들이 내 이름을 부르리니 내가 그들의 말을 들으며 또 말하기를, 그것은 내 백성이라, 할 것이요, 그들은 말하기를, 주는 내 하나님이시니이다, 하리라.

온 땅에서 삼분의 이(2/3)는 끊어져 죽고, 오직 삼분의 일(1/3)만 남는다. 독자는 삼분의 일 안에 포함될 자신이 있는가? 아니면 계속해서 인간의 교리에 따라 하나님을 섬기겠는가? 예수님이 재림하실 때는 죽임을 당하는 양(羊)으로 오시지 않고, 죽이는 왕으로 오실 것이다. 그분은 오셔서 하나님께로부터 나지 아니한 모든 것을 시험하고 흔들어 보실 것이다. 필자는 이 글을 읽는 모든 독자들이 인간의 생각을 버리고 창조자 하나님만을 따르기를 기도한다.

(롬 7:7) 그러면 우리가 무슨 말을 하리요? 율법이 죄냐? 결코 그럴 수 없느니라. 아니라, 오히려 율법을 통하지 않고서는 내가 죄를 알지 못하였으리니 율법이, 너는 탐내지 말라, 하지 아니하였더라면 내가 탐욕을 알지 못하였으리라.

(롬 7:12) 그런즉 율법도 거룩하고 명령도 거룩하며 의롭고 선하도다.

다음은 **바룩 벤 다니엘**(Baruch ben Daniel)의 홈페이지 메시아(Mashiyach) [57])의 "성소(聖所)인가 교회인가?"[58]라는 제목의 글에서 발췌한 내용이다.

기독교의 목사님들은 입술로 하나님을 두려워한다고 말하지만 실제로는 전혀 그렇지 않다. 그들은 이방 종교의 서열적(序列的) 체계 하에서 교육 받았으므로 하나님 대신 사람을 두려워하며, 교회 정치(christo-political)의 사다리를 올라가 높은 지위를 차지하려 한다. 신학교들은 신학생에게 하나님의 일꾼(?)이 되었다는 '증명서'[59]를 발급하며, 다른 교단에서는 모방할 수 없는 최첨단(?) 교리를 제공한다고 선전한다. 이렇게 혁신적인(?) 기관에서 적극 후원하고 있는데 신학생들이 굳이 하나님을 필요로 할 이유가 있겠는가? 크리스천들이 일요일만 되면 교회로 꾸역꾸역 모여드는 한, 목사님들은 자신이 무엇인가 옳은 일을 하고 있다고 착각하게 되는 것이다.

크리스천 중에서 혼자 성경을 읽기라도 하는 사람은 그나마 나은 편이다. 그들은 아마도 교회는 이미 물 건너 가버렸다는 것을 간파했을 것이다. 그러한 교회를 하나님의 왕국으로 이전시키고 진리의 땅 위에 재건축하도록 하는 것이 중요하다. 교회는 지금 율법을 깨뜨리는 이방 종교의 가치 체계와 그 문화에 너무나 깊이 현혹당해 있다.

비록 일부의 각성(覺醒)된 목사님들이 있어서, "그렇지요, 주일

57) 홈페이지: http://www.mashiyach.com
58) 성소(聖所)인가 교회인가?: The Sanctuary or the Church?
59) 증명서: 신학교 졸업장을 냉소적으로 말한 것임.

이 아니고 토요일이 안식일입니다.", "하나님의 절기를 지키는 일은 너무나 감격적이에요."라고 입바른 소리는 하지만, 결국 그들도 크리스마스 트리를 장식하고 이쉬타르(Ishtar) 여신을 기념하는 부활절 계란을 빨갛게 칠하는 일을 하고 만다. 그렇게 하지 않으면 이방 종교에 푹 빠져 있는 교인들이 더 이상 교회 출석을 하지 않으리라는 것을 잘 알기 때문이다. 진리를 위해 배짱을 부리지 못하는 목사님들이 수두룩하다. 그들은 돈만 주면 무슨 일이든 다 하는 나약한 봉급쟁이이다. 그들은 배교한 종교 시스템을 가지고 세상을 병들게 한다.

왜 사람들은 예수님께 신뢰를 두려고 하지 않을까? 자신이 출석하는 회당의 랍비(Rabbi)나 교회의 목사님이나 사원의 구루(Guru)를 진리의 영웅으로 추앙하는 것은 얼마나 한심한 일인가? 요한계시록을 통해 하나님은 "내 백성아, 너희는 그녀에게서 나와 그녀의 죄들에 참여하는 자가 되지 말고 그녀가 받을 재앙들을 받지 말라."라고 말씀하신다. 또한 예수님도 요한계시록의 마지막에서 다음과 같이 증언하신다. "**그분의 명령들을 행하는 자들은 복이 있나니** 이것은 그들이 생명나무에 이르는 권리를 소유하게 하며 그 문들을 지나 그 도시로 들어가게 하려 함이로다. 개들과 마법사들과 음행을 일삼는 자들과 살인자들과 우상 숭배자들과 거짓말을 좋아하며 지어내는 자는 누구든지 밖에 있느니라."

아무쪼록 필자는 이 책이 독자 여러분이 교회에서 들은 가르침을 다시 한번 곰곰이 생각해 보는 계기가 되기를 원한다. 지난 장(章)에서도 언급했지만 다시 한번 **앤드류 가브리엘 로쓰**(Andrew Gabriel Roth)의 다음과 같은 말을 인용하며 이 책을 마무리하려고 한다. **"크리스천도 율법을 지켜야 하는가?"**에 대한 답변이기도 하다.

> "우리가 죄를 범하면 하나님이 그 죄에 대하여 한 증인이 되고 죄문서가 또 다른 증인이 된다. 그러나 예수님이 십자가에 달려 죽으심으로 죄문서를 도말(塗抹) 하셨기 때문에 증인은 하나님 한 분만 남게 된다. 율법이 요구하는 두 명의 증인이 없으므로 정죄되지 않는 것이다. 따라서 율법에 기록된 죄의 저주는 효력이 없어지고 율법에는 오직 우리를 의의 길로 이끄는 축복만이 남게 되는 것이다."

성경의 절기들(Biblical Feasts)

(사 66:22-23) 내가 만들 새 하늘들과 새 땅이 내 앞에 남아 있을 것같이 너희 씨와 너희 이름도 남아 있으리라. 주가 말하노라. 23주가 말하노라. 월삭부터 다음 월삭까지, 안식일부터 다음 안식일까지 **모든 육체가 내 앞에 나아와 경배할 것이요**

모든 육체가 하나님 앞에 나아와 경배한다는 것은 성경의 절기들이 유대인들에게만 적용되는 것이 아니라 아브라함과 이삭과 야곱의 하나님을 경배하는 모든 자에게 해당됨을 뜻한다. 하나님의 절기 는 '약속시간' 혹은 '예정시간(appointed times)'이라는 의미로서 레위기 23장에 자세히 설명되어 있다. 이스라엘 자손들이 유일하신 하나님을 경배하기 위해 따로 떼어 놓은 시간이라는 의미인 것이다. 또한 각각의 절기는 예수님의 사역을 예표한다. 현재까지 예수님은 첫 4절기(유월절, 무교절, 초실절, 오순절)를 성취하셨고, 재림 시에 나머지 3절기(나팔절, 속죄일, 장막절)를 성취하실 것이다.

각 절기에 대해 조금 더 구체적으로 살펴보자. 절기가 발생하는 일자(日字)는 하나님의 달력에 기준을 두고 있다. 따라서 현재 우리가 사용하는 그레고리력(Gregorian calendar)으로 환산하면 절기가 매년 조금씩 다른 일자에 발생한다.

유월절(페사흐, Pesach) - 니산월(Nisan, 첫째 달) 14일

유월절은 현재달력으로 3~4월경에 발생한다. "첫째 달 십사일 저녁은 주의 유월절이요"(레 23:5). 유월절은 이스라엘 백성이 이집트의 노예살이에서 해방된 것을 기념하는 절기이다. 하나님은 이집트에 열 가지의 재앙을 내리셨는데, 마지막 재앙은 사람이든 짐승이든 처음 난 것은 다 죽이는 재앙이었다. 이 마지막 재앙에서 벗어나려면 어린양을 잡아 그 피를 집 문설주에 뿌려야 했다. 그러면 죽음의 저주가 그 집을 그냥 통과(Passover, 유월)하는 것이다(출 12:1-13).

유월절은 어린양으로서 십자가에 못박히시고 자신의 피를 흘려 우리를 구속하신 예수님의 그림자이다. 죄 없으신 예수님이 죽으셔서 희생 헌물이 되심으로 우리가 생명을 얻은 것이다(사 53). 유대인들은 유월절을 기념할 때, 기쁨과 함께 노예살이의 고통과 이집트 탈출(출애굽) 시의 급박한 상황을 기억하려고 쓴나물과 누룩 없는 빵(맛짜, Matzah)을 먹는다.

유월절은 출애굽기에서는 이스라엘 백성의 육(肉)이 해방된 날이며, 복음서에서는 우리의 혼(魂)이 구속받은 날이다. 우연하게도(하나님의 입장에서는 당연하게도) 유대인들이 2차대전 당시의 여러 유대인 포로 수용소에서 해방된 것도 이 유월절 기간이며, 히틀러가 자살한 시점도 이 기간이다.

무교절(하그 하마쪼트, Hag HaMatzot) -
니산월(Nisan, 첫째 달) 15일부터 일주일간

무교절 기간에는 죄의 상징인 누룩이 포함된 빵을 먹지 않는다 (고전 5:6-8, 마 16:11-12, 갈 5:7-9). 예수님은 자신이 죽으심을 통해 모든 신자의 의가 되심으로써 무교절을 성취하셨다(롬 6:4, 고후 5:21).

(출 23:14-16) [15]너는 무교절을 지키라. (내가 네게 명령한 대로 너는 아빕월의 정한 때에 이레 동안 누룩 없는 빵을 먹을지니 이는 그 달에 네가 이집트에서 나왔기 때문이니라. 아무도 빈손으로 내 앞에 나오지 말지니라.)

초실절(욤 하비쿠림, Yom HaBikkurim) -
무교절 기간 중 안식일 다음 날

초실절은 보리 수확을 기념하여 익은 첫 보리이삭을 헌물로 드리는 날이다. 부활하신 예수님은 마지막 날에 부활할 많은 성도들의 첫 열매이시다(고전 15:23).

칠칠절(샤부오트, Shavuot) - 초실절로부터 7주(49일)가 경과한 날

크리스천들은 이 날을 오순절이라고 부르기도 한다(**초실절 전 날인 안식일로부터 세어서 50일째 되는 날**). 이 절기는 현재달력으로 5~6월경에 발생한다. "너는 칠칠절, 곧 밀 수확의 첫 열매 명절을 지키고…"(**출 34:22**).

초실절 전 날인 안식일로부터 하루씩 하루씩 세어 나가는 것을 **오메르**(Omer)라고 한다. 하루하루 세어 50일째 되는 날인 오순절에, 구약에서는 시내산에서 이스라엘 백성에게 율법이 주어졌다. 출애굽 후 약 50여 일이 지난 시점에 율법이 수여된 것이다. 이스라엘 백성은 하나님의 언약을 지키겠노라 맹약하고, 하나님은 이스라엘을 제사장 왕국으로 삼으시기로 한 쌍방 계약이 체결된 것이다.

오순절은 성령님께서 성전에 모여 기도하던 제자들에게 강림하심으로써 성취되었다. 예수님의 피로 구속받은 믿는 자들이 예수님의 **몸**을 이룬 날이기도 하다(**행 2, 요 14:15-18, 엡 2:11-22**).

오순절날 메시아닉 신자들은 다윗 왕의 외조모이자 예수님의 조상이 된 "룻기"를 읽는다. 룻기는 이방 여인이었으나 하나님의 백성인 이스라엘의 일원으로 받아들여진 룻(Ruth)의 이야기이다.

나팔절(욤 테루아, Yom Teruah) - 티쉬리월(Tishri, 일곱째 달) 1일

나팔절은 현재달력으로 9~10월경에 발생한다. 오늘날 이스라엘에서는 이 날이 국가 행정적으로 신년(新年)이며, 로쉬 하샤나(Rosh

Hashana)라고도 부른다.

(레 23:23-25) 주께서 모세에게 말씀하여 이르시되, [24]이스라엘 자손에게 말하여 이르라. 너희는 **일곱째 달 곧 그 달 첫째 날**을 안식일로 삼을지니, 이 날은 나팔들을 불어 기념할 날이요, 거룩한 집회 날이니라. [25]너희는 그 날에 아무 노동도 하지 말고 오직 불로 예비하는 헌물을 주께 드릴지니라.

전승에 의하면 이 날은 최초 인류인 아담과 이브가 창조 받은 날이며 동시에 선악과를 먹음으로 범죄한 날이기도 하다. 이 날에는 양의 뿔로 만든 양각나팔(쇼파르, Shofar) 소리를 만들어 하나님의 백성을 소집한다. 그리고 속죄일(욤키푸르, Yom Kippur)까지 10일 동안 "경외의 날들"(Days of awe)이 계속 이어지는데, 이 기간 동안 이스라엘 백성들은 회개의 시간을 갖는다.

정통 유대교인들은 이 기간 동안 지난 해 이웃에게 범한 잘못에 대해 용서를 구하고 관계를 회복하기 위해 모든 노력을 집중한다. 그러나 유대교인들은 이 나팔절이 가까운 미래에 예수님에 의해 곧 성취될 예언적 절기임을 깨닫지 못한다. 마지막 나팔소리가 울려퍼지면 예수님 안에서 죽었던 신자들이 부활해 한 곳에 모일 것이다(살전 4:13-18, 고전 15:50-54). 나팔절의 양각 나팔소리는 진정한 회개를 촉구한다. 심판의 시간이 얼마 남지 않았다는 것을 상기시킨다.

속죄일(욤키푸르, Yom Kippur) - 티쉬리월(Tishri, 일곱째 달) 10일

(레 16:29-31) 이것은 너희에게 영원한 법규가 될지니라. **일곱째 달 곧 그 달 십일에 너희는 너희 혼을 괴롭게 하고 아무 일도 하지 말되 너희 나라 사람이든지 너희 가운데 머무는 타국인이든지 그리할지니라.** [30]그 날에 제사장이 너희를 위하여 속죄하여 너희를 정결하게 하리니 이로써 너희가 너희 모든 죄에서 떠나 주 앞에 정결하게 되리라. [31]그 날은 너희에게 안식하는 안식일인즉 너희는 너희 혼을 괴롭게 하되 영원한 법규에 따라 그리할지니라.

이 날은 이스라엘이 국가적으로 속죄하는 날이다. 예언서에 의하면 속죄일에 예수님이 지상 재림하실 것이다. 재림하셔서 모든 죄를 제거하실 것이다(마 23:37-39, 호 5:15-6:3, 슥 13:8-9, 12:10, 13:1, 겔 16:61-63).

장막절 혹은 초막절(수코트, Sukkot) - 티쉬리월(Tishri, 일곱째 달) 15일부터 7일간

(신 16:13-15) 너는 네 곡식과 포도즙을 거두어들인 뒤에 이레 동안 장막절을 지키고 [14]너와 네 아들딸과 남종과 여종과 네 성문 안에 거하는 레위 사람과 나그네와 아버지 없는 자와 과부가 함께 그 명절을 기뻐할지니라. [15]너는 주께서 택하실 곳

에서 이레 동안 주 네 하나님을 위해 엄숙한 명절을 지키라. 주 네 하나님께서 네 모든 소출과 네 손의 모든 일에 복을 주시리니 그러므로 너는 반드시 기뻐할지니라.

(레 23:39-43) 또 너희가 땅의 열매 거두기를 마치는 **일곱째 달 십오일부터 이레 동안** 주께 명절을 지키되 첫째 날에도 안식하고 여덟째 날에도 안식할 것이요, [40]첫째 날에는 너희가 좋은 나무 가지와 종려나무 가지와 무성한 나무 가지와 시내의 버들을 취해 주 너희 하나님 앞에서 이레 동안 기뻐할지니라. [41]너희는 한 해에 이레 동안 주께 이 명절을 지킬지니 그것은 너희 대대로 영원한 법규가 될지니라. 너희는 일곱째 달에 그 명절을 지킬지니라. [42]너희는 이레 동안 초막에 거하되 이스라엘 사람으로 태어난 자는 다 초막에 거할지니 [43]이것은 내가 이스라엘 자손을 이집트 땅에서 데리고 나오던 때에 그들로 하여금 초막에 거하게 한 줄을 너희 세대들이 알게 하려 함이니라. 나는 주 너희 하나님이니라.

장막절 동안에는 모든 이스라엘 백성들이 임시로 만든 거처인 초막집에서 일주일 동안 기거해야 한다(물론 크리스천들도 장막절을 지켜야 한다. 하나님은 유대인과 이방인에게 공히 한 가지 율법을 주셨다. 우리가 섬기는 하나님은 바로 유대인이 섬기는 하나님 바로 그분이시다). 장막절은 이스라엘 백성이 출애굽 후 광야에서 천막을 치고 생활했던 시절을 기억하게 한다. 우리의 삶도 이 땅에서 나그네나 순례자와 같다.

가까운 장래에 예수님이 예루살렘에서 통치하실 것이다. 그러면 천지의 모든 것들이 예수님께 복종할 것이다. 그분의 왕국은 이 땅에서 천년 동안 지속될 것이며 그 후에는 새 하늘과 새 땅의 시대가 열릴 것이다(계 21).

> (빌 2:10-11) 하늘에 있는 것들과 땅에 있는 것들과 땅 아래 있는 것들의 모든 무릎이 예수라는 이름에 굴복하게 하시고 11. 또 모든 혀가 예수 그리스도는 [주]시라고 시인하여 하나님 [아버지]께 영광을 돌리게 하셨느니라.

이 글을 읽는 독자 중에 아직도 기독신자가 과연 절기들을 지킬 필요가 있겠는가 하고 의구심을 갖는다면, 레위기 25장6-47절을 꼭 정독해 보시기를 바란다. 토라(모세 5경)에 나오는 나그네(stranger)나 타국인(sojourner)은 비유대인이지만 이스라엘 백성들과 함께 기거하며 한 분 하나님을 기꺼이 섬기고 그분의 백성이 되고자 하는 무리들을 말한다. 하나님은 이들도 자신의 백성으로 삼으신다. 이 무리들은 바로 이방인 신자들을 예표한다.

위에서 살펴본 것처럼 절기들에는 하나님의 구원 계획이 모두 나타나 있다. 따라서 이러한 절기들을 지키며 사는 자들은 하나님의 구원 시간표에 따른 축복된 삶을 사는 것이다. 당신의 자녀들에게도 하나님의 절기에 대해 가르쳐 깨닫게 하라. 그러면 그들은 자신의 인생을 하나님의 뜻에 따라 보람 있게 살 수 있을 것이다.

부록2
삼위일체의 오류

삼위일체(Trinity)라는 용어는 성경에 나오지 않는다. 그러나 성경을 연구해 보면 하나님은 자신을 성부하나님, 성자하나님, 성령하나님으로 나타내셨음을 알 수 있다. 뿐만 아니라 하나님은 불타는 가시덤불로, 구름기둥과 불기둥으로, **마므레**(Mamre) 평야에 있던 아브라함에게 온 세 남자로, 그리고 나귀 등등으로 자신을 여러 모양으로 나타내시고 말씀하셨다. 따라서 '삼'위일체로 하나님을 부르는 것은 하나님을 제한하는 것이 될 수 있다. 하나님은 자신을 여러 다양한 형태로 나타내시므로 하나님은 복수(複數, plural)의 속성이 있다고 말할 수 있다. 그러나 반드시 '인격체'의 형태로만 나타내시는 것은 아니다.

(사 48:12) 오 야곱아, 내가 부른 자 이스라엘아, 내 말에 귀를 기울이라. 나는 그니 나는 처음이요 또 나는 마지막이니라.

(사 48:16) 너희는 내게 가까이 나아와 이것을 들으라. 내가 처음부터 은밀한 중에 말하지 아니하였나니 그것이 있던 때부터 내가 거기 있노라. 이제 [주] **하나님**과 그분의 [영]께서 나를 보내셨느니라.

또한 사도 요한은 다음과 같이 말한다.

(요 1:1-5) 처음에 말씀이 계셨고 말씀이 하나님과 함께 계셨으며 말씀이 하나님이셨더라. [2]그분께서 처음에 하나님과 함께 계셨고 [3]모든 것이 그분에 의해 만들어졌으니 만들어진 것 중에 그분 없이 만들어진 것은 하나도 없었더라. [4]그분 안에 생명이 있었으며 그 생명은 사람들의 빛이더라. [5]그 빛이 어둠 속에 비치되 어둠이 그것을 깨닫지 못하더라.

하나님은 자신을 가리켜 '우리를(us)'이나 '우리가(we)' 등 복수(複數) 형의 표현을 사용하신다.

(창 1:26) 하나님께서 이르시되, **우리가** 우리의 형상으로 우리의 모양에 따라 사람을 만들고 그들이 바다의 물고기와 공중의 날짐승과 가축과 온 땅과 땅에서 기는 모든 기는 것을 지배하게 하자, 하시고

전통적 유대인들이 낭송하는 쉐마(Shema)[60] "오 이스라엘아, 들으라. 주 우리 하나님은 **한** 주시니"의 구절에서, '한'에 해당하는 히브리어는 **에하드**(echad)이다. 에하드는 '달걀 **한** 줄', '포도 **한** 송이', '부부는 **한** 몸'에서처럼 **집합적 단수**를 표현한다. 히브리어로 '달걀 **한 개**', '포도 **한 알**'처럼 **개체적 단수**를 표현하려면 **야히드**(yachid)를 사용해야 한다. 하나님은 세 명의 남자 어른의 모습으로 아브라함에게 나타내셨다. 그렇다고 세 남자가 삼위일체를 뜻하는 것은 아니다.

> (창 18:1-2) 주께서 마므레의 평야에서 아브라함에게 나타나시니라. 날이 더울 때에 그가 장막 문에 앉았다가 ²눈을 들어 바라보니, 보라, **세 남자**가 자기 곁에 서 있으므로 그가 그들을 보고 곧 장막 문에서 달려 나가 그들을 맞이하며 몸을 땅으로 굽히고

에하드이신 하나님은 자신을 '아들'로도 나타내신다.

> (잠 30:4) 하늘에 오르신 분이 누구냐 혹은 내려가신 분이 누구냐? 바람을 자기 주먹 안에 모으신 분이 누구냐? 물을 옷에 싸신 분이 누구냐? 땅의 모든 끝을 굳게 세우신 분이 누구냐? 그분의 이름이 무엇이며 **그분의 아들**의 이름이 무엇인지 네가 말할 수 있느냐?

---

60) 쉐마: 히브리어로 '들으라'의 의미임. 신6:4.

하나님이 하늘에서는 우주를 주관하시면서 동시에 지상에서는 예수님으로서 사역하실 수 있다는 점은 이해하기 어렵기 때문에, 필자는 다음과 같은 비유를 사용하여 설명하곤 한다.

수많은 광섬유(fiber optics) 가닥을 통해 빛을 발하는 광섬유 전등을 상상해 보자. 수많은 광섬유 가닥들은 모두 한 개의 광원(光源)에 연결되어 있다. 하나님이 바로 이 광원에 비유될 수 있다. 그리고 각각의 광섬유도 광원에서 나오는 빛을 내뿜는 것이므로 광원과 다를 바 없다. 예수님은 한 가닥의 광섬유에 비유될 수 있다. 예수님은 하나님의 한 단면이다. 예수님은 하나님과 연결되어 있는 것이며, 예수님이 이 땅 위를 걸으실 때 하나님이 우주를 섭리하는 일을 잠시 쉬셨던 것이 아니다. 하나님은 광원이시고 예수님은 광섬유 가닥이다. 광원은 모든 광섬유 가닥에 빛을 제공하고, 광섬유 가닥은 광원에 속해 있다. 하나님이 자신을 나타내시는 방식은 오로지 그분 자신만이 결정하신다. 인간은 그분을 '삼위'로만 가두어 놓아서는 안 된다.

다음은 **바룩 벤 다니엘**(Baruch ben Daniel)의 "예수님 안에 계시된 하나님"이라는 제목의 글에서 발췌 요약한 것이다.

하나님의 영적 속성(spiritual nature of YHWH)은 인간의 제한된 능력으로 이해하기 힘들다. 하나님의 영이 **인격체화**(personification)된다는 것은 무슨 뜻인가? 많은 신학자들은 이방 종교적으로 하나님을 이해하기 때문에, 하나님은 여러 **독립적인** 인격체로 자신을 분리시켜 나타낸다고 생각한다. 그러나 하나님은 한 분이시다. 여러 인격체들의 조합이 아니시다. 하나님은 하나님 한 분이시다. 하나님은 인간의 수리적(數理的)이고 저차원적인 개념으로 완벽히 설명될 수는 없다.

(고전 3:16-17) 너희가 하나님의 성전인 것과 하나님의 [영]께서 너희 안에 거하시는 것을 너희가 알지 못하느냐? [17]누구든지 하나님의 성전을 더럽히면 하나님께서 그를 멸하시리니 하나님의 성전은 거룩하며 너희가 곧 그 성전이니라.

하나님의 사람들은 자신들 안에 내주하시는 하나님의 영을 소유하고 있으며 동시에 자기 자신의 영도 소유하고 있다.

(요 3:6) 육에서 난 것은 육이요 성령에게서 난 것은 영이니

하나님을 삼위일체로 이해하는 것은 문제가 있다. '삼위'의 위격(位格)이란 지성, 감성, 의지, 신체, 영 등을 소유한 독립적 개체를 의미한다. 따라서 하나님을 세 개의 독립적 개체들의 조합으로 이해하는 것은 잘못이다. 하나님은, 독자들이 인격체이고 필자가 인격체인 것과 같은, 그러한 형태의 인격체는 아니시다. 하나님은 **에하드**(한 분)이다. 비록 삼위일체라는 개념이 하나님을 성부, 성자, 성령으로 단번에 쉽게 이해할 수 있게 해준다 할지라도, 엄밀히 말하면 올바른 교리는 아니다. 하나님은 독립적인 세 인격체의 조합이 아니시다. 우리가 성경말

씀을 상고하고 교리 정립에 신중하지 않는다면, 유사(類似) 진리를 우상시할 수 있는 위험성이 있다.

예수님은 인간의 육체를 입고 이 땅에 오신 하나님의 팔(arm)이다. 예수님은 신격(神格, Godhead)을 가지고 계신다. 그러나 하나님을 세 신격의 조합으로만 이해해서는 안 된다. 그러한 이해 방식은 이방 종교에서 연유한다. 삼위일체라는 용어는 AD 220년경 그리스인(人) 초대 교부인 터툴리안(Tertullian)이 만들어 낸 용어일 뿐이다. 그는 삼위(Triad)를 주창한 **필로(Philo)**[61]로부터 많은 영향을 받았다. 서방 교회[62]에서는 삼위일체 교리 때문에 많은 순교자가 발생했다. 동방 교회[63]에서는 12세기까지는 삼위일체라는 용어를 사용하지도 않았다.

필로의 사상은 신비주의적 유대교인 카발라(Kabbalah)[64]의 메타트론(Metatron)[65]에서 영향을 받았다. 메타트론은 결국 예수님을 의미하는 명칭인데, 중간 기둥(middle pillar)이라는 개념으로 설명되며, 한 분 하나님과 다양한 하나님과의 조화를 시도한다. 하나님은 시공(時空)을 초월해 존재하시지만, 예수님은 시공 안으로 들어오셨다. 우리는 하나님의 팔(arm)이신 예수님을 통해 하나님에 대한 면모를 엿볼 수는 있지만, 하나님의 모

---

61) 필로: '필론'이라고도 불림. 고대 알렉산드리아의 유대인 철학자이며, 구약성경을 그리스 철학, 특히 플라톤의 사상을 원용해 비유적 해석을 행한 인물.

62) 서방 교회: 로마 가톨릭.

63) 동방 교회: 그리스 정교회.

64) 카발라: 히브리어로 전승(傳承)이라는 뜻. 구약성경에 내재되어 있는 신비스럽고 심오한 의미에 집중하여 연구하는 유대교 신비주의.

65) 메타트론: 카발라는 메타트론을 '또 다른 야웨', '하나님의 말씀', '하나님의 메신저', '이스라엘의 수호자' 등으로 간주한다.

든 권능과 능력을 지각할 수 있는 것은 아니다. 유한한 인간의 생각과 영(靈)은 무한한 하나님의 속성 전부를 담을 수 없다. 유한한 인간이 무한한 하나님을 보는 방법은 '하나님의 기름부음을 받은 자(Anointed of YHWH)'인 예수님을 통해서이다.

많은 사람들은 삼위일체 교리를 다음과 같이 설명하려 한다. "인간은 영과 혼과 육체를 가지고 있다. 영과 혼은 서로 다른 것이지만 우리는 그것을 서로 분리해 낼 수는 없다. 삼위일체도 이와 같다." 그러나 하나님은 독립된 인격체들의 조합이 아니시다. 삼위일체는 다신교(多神敎)적인 이방 종교에 바탕을 둔 잘못된 교리이다.

음식 규례(kosher)

정결한 것과 부정한 것에 대한 개념은 **창조 시대**부터 비롯되는 것이다.

> (창 7:8-9) **정결한 짐승과 정결하지 않은 짐승**과 날짐승과 땅에서 기는 모든 것 중에서 9하나님께서 노아에게 명령하신 대로 수컷과 암컷이 두 마리씩 노아에게 나아와 방주로 들어갔더니

하나님은 레위기에서 어떤 것들이 인간의 음식물이 될 수 있는지에 대해 가르쳐 주셨다. 그 가르침은 오늘날까지도 **결단코** 변경되지 않았다. 하나님을 믿는 신자라면 **모두** 율법에서 허용한 음식물만을 섭취해야 할 것이다. **코셔**(Kosher)란 인간이 먹을 수 있는 것과 먹지 말아야 하는 것을 규정한 음식 규례이다.

(레 11:1-2) 주께서 모세와 아론에게 말씀하시고 그들에게 이르시되, ²이스라엘 자손에게 말하여 이르라. 땅 위에 있는 모든 짐승 중에서 너희가 **먹을 짐승**은 이러하니라.

레위기 11장 3절에는 굽이 갈라지고 되새김질을 하는 정결한 짐승에 대한 설명이 나오고, 레위기 11장 4절에는 굽이 갈라지지 않았거나 되새김질을 하지 않는 부정한 짐승에 대한 설명이 나온다.

부정한 짐승은 육식동물이며 죽은 고기나 썩은 고기를 먹기도 한다. 그들은 이런 불결한 고기를 먹고도 죽지는 않지만, 독성 물질들이 그들 체내에 흡수되어 저장된다. 이러한 부정한 짐승의 고기를 인간이 먹게 되면 그들 체내에 있던 불순 물질과 독성 물질이 인체에 까지 퍼져 버린다.

(레 11:4-6) 그럼에도 불구하고 되새김질하는 것이나 굽이 갈라진 짐승 중에서도 너희가 먹지 말 것은 이러하니라. 낙타는 되새김질은 하되 굽이 갈라지지 아니하였으므로 너희에게 부정하고 ⁵토끼도 되새김질은 하되 굽이 갈라지지 아니하였으므로 너희에게 부정하며 ⁶산토끼도 되새김질은 하되 굽이 갈라지지 아니하였으므로 너희에게 부정하고

레위기 11장 9-12절에는 정결한 물고기와 부정한 물고기에 대한 설명이 나온다. 하나님은 일일이 어느 물고기는 먹을 수 있고 어느 물고기는 먹을 수 없는지를 세심하게 설명해 주신다. 하나님은 이

런 것들을 누구에게 설명해 주시는가? 이스라엘이다. 그럼 이스라엘은 누구인가? 아브라함과 이삭과 야곱의 하나님을 믿는 **모든** 자들이다. 그러나 많은 크리스천들은 주장하기를, 예수님과 바울은 우리가 원하는 것은 아무 것이든 먹을 수 있다고 가르쳤다고 한다. 그들이 제시하는 근거 구절은 다음과 같다.

> (막 7:18-19) 그분께서 그들에게 이르시되, 너희도 그렇게 깨닫지 못하느냐? 무엇이든지 밖에서 사람 속으로 들어가는 것이 능히 사람을 더럽게 하지 못하는 줄을 너희가 알지 못하느냐? [19]그것은 그의 마음속이 아니라 뱃속으로 들어가 모든 음식을 깨끗하게 하고 뒤로 나가느니라, 하시니라.

마가복음 7장의 논점은 바리새인들의 전통(**구전 율법**)인 손 씻는 규례에 대한 것이다. 이 주제에 대하여 탈무드에도 열띤 논쟁이 기록되어 있다. 그러나 문제는 이 구절을 "그러므로 예수님은 모든 것이 정결하여 인간이 먹을 수 있다고 가르침을 준 것이다."라고 오해하는 데 있다. 아람어나 그리스어 원문을 아무리 읽어 봐도 율법의 음식 규례가 폐해졌다는 아무런 암시가 없다.

속에서, 곧 사람들의 마음에서 악한 생각, 간음, 음행, 살인, 도둑질, 탐욕, 사악함, 속임, 색욕, 악한 눈, 신성모독, 교만, 어리석음 등이 나오는데, 이런 중한 죄에 비하면 손을 씻지 않아 약간 더러워진 음식물을 먹는 것은 아무런 문제가 아니라는 것이 이 구절의 핵심이다. 비록 입으로는 정결한 음식을 먹어도 마음에 부정한 생각을 품는다면 그 사람은 부정하다는 것이다(눅 11:40).

(딤전 4:1-5) 이제 성령께서 분명히 말씀하시기를 마지막 때에 어떤 사람들이 믿음에서 떠나 유혹하는 영들과 마귀들의 교리에 주의를 기울이리라 하셨는데 ²이들은 위선으로 거짓말을 하며 자기 양심을 뜨거운 인두로 지진 자들이라. ³이들이 혼인을 금하고 음식물을 삼가라고 명령할 터이나 음식물은 하나님께서 창조하사 진리를 믿고 아는 자들이 감사함으로 받게 하셨느니라. **⁴하나님의 모든 창조물은 선하고 감사함으로 받으면 거부할 것이 하나도 없나니** ⁵그것은 하나님의 말씀과 기도로 거룩히 구별되었느니라.

윗구절에서 바울은 "예수님이 음식 규례를 십자가에 못박았으므로 아무 음식이든 원하는 대로 먹으라!"라고 말하는가? 아니다! 윗구절에서 바울이 말하는 대상은 이미 음식 규례를 철저하게 지키고 있던 유대인이다. 유대인들은 레위기를 통하여 말씀해 주신 하나님의 음식 규례를 어기는 일을 꿈에서도 생각하지 못한다.

윗구절에서 바울은 하나님이 허락하신 음식물 중에서 특정 음식물을 못 먹게 하는 마귀적 교리를 경계하는 것이다. 하나님이 창조하신 모든 음식물들은 선하기 때문에 감사기도를 드리고 받으면 거부할 것이 하나도 없다. 레위기는 거룩한 것과 거룩하지 않은 것에 대한 하나님의 말씀이다. **코셔**(kosher, 먹을 수 있는 음식)와 **코데쉬**(kodesh, 거룩한)는 같은 어근(語根)을 가진 히브리 낱말이다.

"음식 규례는 오로지 유대인들만을 위한 것이다!"라고 주장하는 사람들에게 필자는 다음과 같은 질문을 하고 싶다. "유대인의 인체와 이방인의 인체가 생물학적으로 다른가요?" 예수님도 유대인이셨다. 예수님이 돼지고기를 드셨다는 기록은 전혀 없다. 돼지고기나 새우 등 부정한 음식을 날[生]것으로 그냥 먹거나 완전히 익히지 않고 먹으면 인체에 치명적인 해(害)[66]를 끼친다.

하나님께서 우리에게 "이런 것들은 삼가고 먹지 말아라!" 할 때에는 다 그럴 만한 이유가 있는 것이다. 인간이 해야 할 일은 하나님의 명령에 토(吐)를 달지 않고 순종하는 것이다.

음식 규례에 관한 것은 레위기와 신명기에 기록되어 있다. 독자는 하나님의 말씀을 버리고 계속 인간의 전통을 붙잡겠는가? 성경은 지난 수천 년 동안 돼지고기를 먹어서는 안 된다고 분명히 말씀하는데, 도대체 무엇이 우리로 하여금 "현대에는 돼지고기를 먹어도 상관없어!"라고 오판하게 만드는가? 하나님이 변덕쟁이처럼 마음을 바꾸셨다는 말인가?

---

66) 소고기 육회는 있어도 돼지고기 육회는 없다.

부록4
크리스마스와 부활절

메시아닉 신자들은 하나님이 정해 주신 하나님의 절기를 지키는 반면, 크리스천들은 사람들이 만들어 낸 크리스마스나 부활절 같은 축제일을 지킨다. 그런 축제일은 '나(我)' 중심적이며, 쓸데없이 돈을 쓰게 만들고 선물을 사느라 카드 빚까지 지게 한다. 그리고 그런 축제일에는 고독하거나 우울증에 시달려 자살하는 사건도 비일비재하다.

크리스마스

크리스마스는 성경에 언급된 적도 없으며, 예수님의 탄생일을 기념하라는 명령도 없다. 이 거룩한(?) 날은 완전 인조(人造) 절기이다. 성경은 크리스마스에 대해 무엇이라고 말하는가?

· 하나님은 그의 아들의 생일을 기념하라고 명령하지 않으

셨다.

· 예수님의 탄생일을 축하하려는 크리스천들의 갸륵한 마음은 이해하지만, 예수님은 겨울철에 탄생하신 것이 아니다. 절기를 연구하고 성경을 연구해 보면 예수님은 9~10월에 발생하는 장막절(수콧, Sukkot)에 탄생하셨음이 분명하다. 말씀이 육신이 되어 우리 가운데 장막을 치셨다.

· 크리스마스는 이제 너무 상업화되어서 예수님의 탄생을 기념한다는 원래 목적은 뒷전으로 밀려나 버렸다. 사람들은 오로지 선물을 주고받고 쇼핑하는 데만 정신이 팔려 있다. 일부 크리스천들은 크리스마스가 전도하는 데 유용하게 활용될 수 있다고 한다. 그런 순기능(順機能)이 있다고 하더라도, 크리스마스는 몇 가지 거짓말을 해야만 하는 문제점을 가지고 있다. 대표적인 것은 아이들에게 산타클로스를 진짜인 것처럼 속이는 일이다. 도대체 예수님의 탄생일과 산타클로스는 무슨 관계가 있는가? 산타클로스는 예수님의 생일날에 예수님을 제쳐두고 자신이 주인공 행세를 한다. 십계명의 제9계명은 "너는 거짓말하지 말라."이다. 거짓말은 아무리 예쁘게 포장한다고 해도 거짓말일 뿐이다. 왜 하나님이 우리가 매년 '산타'에 대해 의도적으로 거짓말하는 것을 좋아하실까? 물론 일찌감치 어린 자녀들에게 '산타'는 가공(架空)의 인물임을 알려주고 크리스마스에는 오직 예수님의 탄생만 축하한다고 항변하는 사람도 있을 것이다. 그러나 예수님이 탄생하지도 않은 날을 탄생일로 여기고 축하하

는 것은 공허한 일이 아니가?

· 크리스마스의 참의미를 깨닫지 못하는 사람들에게 크리스마스는 예수님이 없는 한낱 공휴일에 불과하다. 무신론자도 사탄주의자도 크리스마스를 축하한다. 그들에게는 크리스마스가 연말연시의 휴일일 뿐이다. 거룩하신 예수님이 빠져 버린 거룩한(?) 날(holiday)인 것이다. 그들은 크리스마스 날에 파티를 하고, 놀러가고, 친지들끼리 선물을 교환한다. 필요도 없는 값비싼 선물을 호기(豪氣)롭게 구입할 때는 한달 뒤에 받을 신용카드 청구서를 염두에 두지 않는다. 인터넷 검색 엔진에서 '크리스마스'를 주제어로 검색해 보라. '금년도 크리스마스에 어울리는 선물', '크리스마스에 떠나는 휴가 정보' 등이 첫 화면을 가득 메울 것이다. 예수님의 탄생에 대해 제대로 언급한 사이트를 찾으려면 꽤 많은 시간이 걸릴 것이다.

인간은 예수님의 탄생일을 12월로 옮겨 버렸을 뿐 아니라, 크리스마스 트리를 사용함으로써 이방 종교를 안방까지 밀치고 들어오게 만든다. 크리스마스 트리를 집안에 장식하는 것은 이방 종교에서 비롯된 관습이다. 크리스마스 트리는 이방 종교의 상징물이다. 이런 주제에 대해 조금만 연구해 보면, 상록수(크리스마스 트리)는 아세라(Asherah) 신을 섬기는 제단으로 사용되었던 것임을 알게 된다. 또한 집 현관문(門)에 장식으로 거는 둥그런 화환(wreath)은 자궁을 상징하며, 크리스마스 트리는 남근(男根)을, 반짝이 조각은 정액(精液)

을, 방울 장식은 고환을 상징한다는 것을 알게 된다. 온통 성적(性的)인 이방 종교의 상징물로 뒤덮여 있는 것이다.

예레미야 10장에는 인간이 만든 관례와 우상들이 얼마나 소용없는 것들인지 잘 나타나 있다.

> (렘 10:1-5) 오 이스라엘의 집이여, 너희는 주께서 너희에게 하시는 말씀을 들을지어다. 2주가 이같이 말하노라. 이교도들의 길을 배우지 말며 하늘의 표적들에 놀라지 말라. 이교도들은 그것들에 놀라느니라. 3그 백성들의 관습은 헛되니 사람이 숲에서 나무를 베어 내고 장인의 두 손이 도끼로 그것을 만들며 4그들이 금과 은으로 그것을 꾸미고 못과 망치로 고정하여 움직이지 못하게 하는도다. 5그것들은 종려나무같이 똑바로 서 있으나 말도 못 하고 또 걷지도 못하므로 반드시 메고 다녀야 하느니라. 그것들은 화를 주지도 못하며 그것들 안에 선을 행하는 것이 없나니 그러므로 그것들을 두려워하지 말라.

윗구절이 크리스마스 트리를 직접적으로 언급하는 것은 아니다. 그러나 하나님은 잘못된 방법으로 경배하는 자를 가차없이 죽이셨다. 레위기 10장은 '이상한' 불로 하나님을 경배하다가 죽임을 당한 아론의 아들들에 관한 내용이다. '이상한' 불이란 하나님의 명령에 따르지 않고 자의적(恣意的)으로 마련한 불을 의미한다.

> (레 10:1-2) 아론의 아들 나답과 아비후가 각각 자기의 향로를

가져다가 그 안에 불을 담고 그 위에 향을 놓되 주께서 그들에게 드리라고 명령하지 아니한 **이상한 불**을 그분 앞에 드렸더니 ²불이 주 앞에서 나와 그들을 삼키매 그들이 주 앞에서 죽으니라.

지금까지의 내용에 대해 별 감흥이 없다면 다음과 같이 자문해 보라. 독자의 생일이 2월 8일인데 친구나 가족이 5월 5일에 생일잔치를 해주면 기분이 어떻겠는가? 당연히 불만이다. 예수님도 마찬가지다. 예수님의 생일이 12월 25일이 아닌데 왜 당신은 자꾸 그 날 생일파티를 하려는가? 하나님께서 생일 축하를 해달라고 하지도 않으셨는데….

이스터(Easter, 부활절)

(겔 8:15-18) 그때에 그분께서 내게 이르시되, 오 사람의 아들아, 네가 이것을 보았느냐? 너는 여전히 다시 돌아서라. 그리하면 이것들보다 더 큰 가증한 일들을 네가 보리라, 하시더라. ¹⁶그분께서 나를 데리고 주의 집의 안뜰에 이르셨는데, 보라, 주의 성전의 문에 주랑과 제단 사이에 스물다섯 명 가량이 있더라. 그들이 자기들의 등은 주의 성전을 향하게 하고 자기들의 얼굴은 동쪽을 향하게 한 채 **동쪽을 바라보며 태양에게 경배하더라.** ¹⁷그때에 그분께서 내게 이르시되, 오 사람의 아들아, 네가 이것을 보았느냐? 유다의 집이 여기에서 가증한 일들

을 범하나니 그들이 이 일들을 범하는 것이 그들에게 가벼운 일이냐? 그들이 그 땅을 폭력으로 채우고 또 돌이켜서 내 분노를 일으켰나니, 보라, 그들이 나뭇가지를 자기들의 코에 두었느니라. ¹⁸그러므로 나도 격노로 그들을 대우하리니 내 눈이 아끼지 아니하며 내가 불쌍히 여기지 아니하리라. 그들이 큰 소리로 내 귀에 부르짖을지라도 내가 그들의 말을 듣지 아니하리라.

윗구절은 분명히 태양 숭배를 언급하고 있다. 수백만 명의 크리스천들은 매년 부활절에 바로 이 태양 숭배 의식을 행하는 것이다. 부활절 새벽 그들은 동녘에서 솟는 해를 바라보며 기도한다. 그러나 그들은 그러한 의식이 이쉬타르(Ishtar 혹은 Astarte, Easter로도 불림) 여신에게 경배하는 것이고, 태양신 바알(Baal)을 숭배하는 것인 줄을 깨닫지 못한다.

이스터(Easter)라는 단어는 킹제임스(King James) 성경에 단 한 번, 사도행전 12장 4절에 사용되었다. 그런데 잘못된 번역이다. 하나님의 절기 유월절은 결코 이방 종교 축제일인 이스터로 둔갑된 적이 없기 때문이다.

(행 12:4) 그가 베드로를 붙잡아 감옥에 가두고 군사가 넷씩인 네 소대에게 맡겨 지키게 하였으니 이것은 **이스터**가 지난 뒤에 그를 백성에게로 끌어내려 함이더라.

초대교회의 신자들은 유월절을 지킨 것이지 결코 이스터를 지키지 않았다. 이스터는 이방 종교의 여신의 이름이다. 4세기경이 되면서 크리스천들은 이스터를 부활절로 기념하기 시작했다. 사도행전 12장 4절의 '이스터'를 **네짜리 아람어/영어 병행 성경**은 '유월절'로 바르게 번역한다.

유월절은 초대교회의 유대인 신자들과 이방인 신자들에 의해 꾸준히 지켜졌다. 제롬(Jerome)이 쓴 편지에 의하면, 사도 요한의 제자였던 폴리갑(Polycarp)은 AD 147년 로마를 방문해 이스터가 교회 내로 스며들지 못하도록 교회 지도자들에게 탄원했다. 이러한 노력 때문에 폴리갑은 나무에 묶여 화형을 당하고 만다. 유월절을 지키는 대신에 부활절 계란이나 물들이는 크리스천들은 배교한 기독교계를 더욱 타락하도록 부추기는 꼴이다. 그리고 사실상 토끼는 새끼를 출산하는 것이지 알을 낳는 것이 아니다.

다음은 이스터에 대한 **앤드류 가브리엘 로쓰**(Andrew Gabriel Roth)의 글이다.

이스터(Easter)는 킹제임스(King James) 성경에 단 한 차례 사용되었는데, 그리스어 **파스카**(paskha)를 번역한 단어이다. 파스카에 대한 **스트롱 성경용어 색인사전**(Strong's Exhaustive Concordance)의 정의를 보자.

파스카: 중성(中性) 명사

① 파스카 희생제사(애굽으로부터 구출받은 사건을 기념하는 행사)

② 파스카 양(羊): 이스라엘 백성들은 첫째 달인 니산월(月)

14일에 양을 잡는데, 이는 그들의 조상이 그 날 애굽을 떠날 준비를 했기 때문이다. 하나님은 그들에게 양을 잡고 피를 문설주에 뿌리도록 명령했다. 죽음의 천사가 피가 뿌려진 것을 보고 그 집의 장자를 죽이지 않고 넘어가도록(유월, passover) 하기 위함이었다. 예수님의 못박히심은 파스카 양에 비유된다.

③ 파스카 만찬

④ 파스카 절기, 유월절: 니산월 14일부터 20일까지 계속됨.

킹제임스 성경에 사용 횟수: 총 29회

유월절로 번역 28회, 이스터로 번역 1회

마지막 부분을 주목하라. 총 29회 중 28회가 유월절로 번역되었다. 당연히 paskha가 유월절 의 의미이므로 그렇게 번역해야 한다. 스트롱 사전은 paskha를 예수님의 십자가 사건에 비유하기까지 한다(paskha는 유월절임에 틀림없다). 그러나 단 한 차례 '이스터'라고 번역한 것에 대해서는 아무런 설명을 하지 않는다. 왜 굳이 사도행전 12장 4절에서만 '유월절'로 번역하지 않고 '이스터'로 번역했단 말인가? 이해를 돕기 위해 paskha가 사용된 29구절 **모두**를 찾아보자.

(마 26:2) 너희가 아는 대로 이틀이 지나면 **유월절**이라. 사람의 [아들]이 배반을 당해 십자가에 못박히리라, 하시니라.

(마 26:17-19) 이제 무교절의 첫 날에 제자들이 예수님께 나아

와 그분께 이르되, 선생님께서 **유월절** 어린양을 잡수시도록 우리가 예비하려 하오니 어디에서 하기를 원하시나이까? 하매 [18]그분께서 이르시기를, 도시로 들어가 이런 사람에게 가서 그에게 이르되, 선생님께서 말씀하시기를, 내 때가 가까이 왔으니 내가 내 제자들과 함께 네 집에서 **유월절**을 지키겠다, 하시더라, 하라, 하시매 [19]제자들이 예수님께서 자기들에게 정해 주신 대로 행하여 **유월절**을 예비하니라.

(막 14:1) 이틀이 지나면 **유월절**과 무교절이더라. 수제사장들과 서기관들이 그분을 흉계로 붙잡아 죽일 방도를 구했으나

(막 14:12) 누룩 없는 빵을 먹는 첫 날 곧 그들이 **유월절** 어린양을 잡는 날에 그분의 제자들이 그분께 이르되, 선생님께서 **유월절** 어린양을 잡수시도록 우리가 가서 예비하려 하오니 어디에서 하기를 원하시나이까? 하매

(막 14:14) 그가 어디로 들어가든지 그 집 주인에게 이르되, 선생님께서 말씀하시기를, 내가 내 제자들과 함께 **유월절** 어린양을 먹을 객실이 어디 있느냐? 하시더라, 하라.

(막 14:16) 그분의 제자들이 나가서 도시로 들어가 보니 그분께서 자기들에게 말씀하신 대로더라. 그들이 **유월절**을 예비하니라.

(눅 2:41) 이제 그분의 양친은 해마다 **유월절**이 되면 예루살렘에 갔더라.

(눅 22:1) 이제 **유월절**이라 하는 무교절이 가까이 다가오매

(눅 22:7-8) 그때에 반드시 **유월절** 어린양을 잡아야 하는 때 곧 누룩 없는 빵을 먹는 날이 이르매 [8]그분께서 베드로와 요한을 보내며 이르시되, 가서 우리를 위해 **유월절** 어린양을 예비하여 우리가 먹게 하라, 하니

(눅 22:11) 그 집 주인에게 이르되, 선생님께서 네게 말씀하시기를, 내가 내 제자들과 함께 **유월절** 어린양을 먹을 객실이 어디 있느냐? 하시더라, 하라.

(눅 22:13) 그들이 가서 보니 그분께서 자기들에게 말씀하신 대로더라. 그들이 **유월절**을 예비하니라.

(눅 22:15) 그들에게 이르시되, 내가 고난을 받기 전에 너희와 함께 이 **유월절** 어린양 먹기를 바라고 또 바랐노라.

(요 2:13) 유대인들의 **유월절**이 가까이 오매 예수님께서 예루살렘으로 올라가사

(요 2:23) 이제 **유월절**이 되어 예수님께서 명절에 예루살렘에 계시매 많은 사람들이 그분께서 행하신 기적들을 보고 그분의 이름을 믿었으나

(요 6:4) 마침 유대인들의 명절인 **유월절**이 가까이 왔더라.

(요 11:55) 유대인들의 **유월절**이 가까이 오매 많은 사람이 자기를 정결하게 하려고 **유월절** 전에 시골에서 예루살렘으로 올라가니라.

(요 12:1) 그 뒤에 예수님께서 **유월절** 엿새 전에 베다니에 이르셨는데 거기에는 이미 죽었던 나사로 곧 그분께서 죽은 자들로부터 살리신 자가 있더라.

(요 13:1) 이제 **유월절** 전에 예수님께서 자기 때가 이르러 자기가 이 세상을 떠나 [아버지]께로 가야 할 줄 아시고 세상에 있던 자기 사람들을 사랑하시되 끝까지 사랑하시니라.

(요 18:28) 그 뒤에 그들이 예수님을 가야바에게서 데려다가 재판정으로 끌고 갔는데 때는 이른 아침이더라. 그들이 자신을 더럽히지 아니하고 **유월절** 어린양을 먹기 위해 재판정으로 들어가지 아니하더라.

(요 18:39) 그러나 **유월절**에 내가 너희에게 한 사람을 놓아 주는 관례가 너희에게 있으니 그런즉 너희는 내가 유대인들의 [왕]을 너희에게 놓아 주기 원하느냐? 하매

(요 19:14) 그 날은 **유월절**의 예비일이요 때는 여섯 시쯤이더라. 그가 유대인들에게 이르되, 너희 [왕]을 보라! 하거늘

(고전 5:7) 그러므로 너희는 누룩 없는 자들인즉 새 덩어리가 되기 위하여 묵은 누룩을 제거하라. 우리의 **유월절** 어린양 곧 그리스도께서 우리를 위하여 희생물이 되셨느니라.

(히 11:28) 믿음을 통해 그는 **유월절**과 피 뿌리는 것을 지켰으니 이것은 처음 난 것들을 파멸시킨 자가 그들을 건드리지 못하게 하려 함이라.

위와 같이 28회 모두 '유월절'로 정상적으로 번역되었다.

(행 12:4) 그가 베드로를 붙잡아 감옥에 가두고 군사가 넷씩인 네 소대에게 맡겨 지키게 했으니 이것은 **이스터(?)**가 지난 뒤에 그를 백성에게로 끌어내려 함이더라.

그러나 유독 사도행전 12장 4절에서만은 '유월절'이 아니라 '이스터'로 번역된 것이다. 설령 그 당시에 사람들이 이스터를 지켰다고

하더라도, 그 날에 혹시 유대인의 폭동이 발생하지 않을까 헤롯[67]
이 우려해야 할 이유는 없다. 왜냐하면 소요 사태가 발생할 가능성
이 농후한 날은 바로 유대인이 **타민족의 속박으로부터 해방**된 유대인
의 축제일 유월절이기 때문이다. 복음서에 등장하는 빌라도(Pilate)
도 유월절을 택일하여, 술렁거리는 유대 민중을 달래기 위하여 죄
수를 사면시켜 주었다.

NIV(**신국제 역**, New International Version) 영어 성경에는 KJV와 달리
사도행전 12장 4절의 '이스터' 대신 '유월절'로 번역되어 있는 점을
참고하라. 우수한 영어번역 성경으로 인정받고 있는 KJV가 이스터
의 번역에 있어서는 지탄(**指彈**)의 대상이 될 수밖에 없다.

예레미야 10장에는 이스터와 유사한 축제일에 대한 기록이 있다.
이 날은 하나님을 섬기는 의인들이 참석하는 절기가 절대 아니다.
이 날은 아세라 여신(**女神**)을 숭배하는 날이다. 둥근 나무기둥, 작은
숲, 나무 등은 모두 아세라 여신 숭배와 관련되어 있다.

> (렘 10:1-11) 오 이스라엘의 집이여, 너희는 주께서 너희에게 하
> 시는 말씀을 들을지어다. ²주가 이같이 말하노라. 이교도들의
> 길을 배우지 말며 하늘의 표적들에 놀라지 말라. 이교도들은
> 그것들에 놀라느니라. ³그 백성들의 관습은 헛되니 사람이 숲
> 에서 나무를 베어 내고 장인의 두 손이 도끼로 그것을 만들
> 며 ⁴그들이 금과 은으로 그것을 꾸미고 못과 망치로 고정하
> 여 움직이지 못하게 하는도다. ⁵그것들은 종려나무같이 똑바

---

67) 헤롯: 헤롯 대왕의 손자인 헤롯 아그립바1세.

로 서 있으나 말도 못 하고 또 걷지도 못하므로 반드시 메고 다녀야 하느니라. 그것들은 화를 주지도 못하며 그것들 안에 선을 행하는 것이 없나니 그러므로 그것들을 두려워하지 말라. ⁶오 주여, 주와 같으신 이가 없사오니 주는 크시며 주의 이름은 권능이 크시나이다. ⁷오 민족들의 [왕]이여, 누가 주를 두려워하지 아니하리이까? 그것이 주께 마땅한 일이오니 그 민족들의 모든 지혜로운 자들 가운데서와 그들의 모든 왕국 안에서 주와 같으신 이가 없나이다. ⁸오직 그들은 다 짐승 같고 어리석으니 나무줄기는 헛된 것들을 가르칠 뿐이니이다. ⁹판에 깐 은은 다시스에서 가져왔으며 금은 우바스에서 가져왔도다. 그것들은 장인이 만들고 주물공의 두 손으로 만들었으며 청색과 자주색 옷을 입었나니 그것들은 다 솜씨 있는 자들이 만든 것이로다. ¹⁰그러나 주께서는 참 하나님이시니 그분은 살아 계신 하나님이시요, 영존하는 왕이시로다. 그분의 진노에 땅이 떨고 민족들이 능히 그분의 격노를 견디지 못하리로다. ¹¹너희는 그들에게 이같이 이르기를, 하늘들과 땅을 만들지 아니한 신들 곧 그들은 땅과 이 하늘들 아래에서 멸망하리라, 하라.

아세라(Ashera)⁶⁸)는 그녀의 남편 바알로부터 신령한 능력을 받는다고 알려져 있다. 바알의 다른 이름은 **몰렉(Molech)**이다. 바알은 유명한 유대 왕 솔로몬의 스폰서(?)를 받기까지 했다.

---

68) 아세라: 아스타르테(Astarte) 혹은 이스터(Eostre, Ester)로도 불림.

(왕상 11:4-8) 솔로몬이 늙었을 때에 그의 아내들이 그의 마음을 돌려 다른 신들을 따르게 하였으므로 그의 마음이 그의 아버지 다윗의 마음과 같지 아니하여 주 그의 하나님께 대하여 완전하지 아니하였으니 ⁵이는 솔로몬이 시돈 사람들의 여신 아스다롯을 따르고 암몬 족속의 가증한 신 밀곰을 따랐기 때문이라. **⁶솔로몬이 주의 눈앞에서 악을 행하여** 자기 아버지 다윗이 주를 온전히 따름같이 따르지 아니하고 ⁷그때에 모압의 가증한 신 그모스를 위해 예루살렘 앞의 산에 산당을 건축하고 또 암몬 자손의 가증한 신 몰렉을 위해서도 그와 같이 했으며 ⁸그가 또 자기의 모든 이방 아내들을 위해서도 그와 같이 하니 그들이 자기들의 신들에게 분향하며 희생물을 드렸더라.

도대체 그 당시에 어떤 식으로 우상 숭배를 한 것일까?

(왕하 23:7-10) 또 주의 집 옆에 있던 남색하는 자들의 집들을 헐었는데 그곳은 여인들이 작은 숲을 위하여 현수막들을 짜는 장소였더라. ⁸또 그가 유다의 도시들에서 모든 제사장을 데려오고 또 그 제사장들이 분향하던 산당들을 게바에서부터 브엘세바에 이르기까지 더럽게 하며 또 성문들의 산당들을 헐어 버렸는데, 그것들은 그 도시의 감독자 여호수아의 대문 어귀 곧 도시의 문에서 사람의 왼쪽에 있었더라. ⁹그럼에도 불구하고 산당들의 제사장들은 예루살렘에 있는 주의 제단에

올라가지 아니하고 다만 자기들의 형제들 가운데서 누룩 없는 빵을 먹었더라. [10]또 왕이 힌놈의 자손들의 골짜기에 있는 도벳을 더럽게 하여 아무도 몰렉을 위하여 자기 아들이나 딸을 불 가운데로 지나가게 하지 못하게 하니라.

사사기 10:6-15절에는 이방 민족의 우상을 숭배하는 이스라엘 백성을 향해 하나님의 분노가 얼마나 맹렬하게 불타올랐는지 기록되어 있다. 그런 하나님이 오늘날 이방 종교에 물든 예배를 기뻐하실까? 하나님의 성격을 알고 있다면 크리스마스나 이스터와 같은 이방 종교적 행사를 더 이상 계속하지 못할 것이다.

독자가 반드시 기억해야 할 점은 예수님이 이스터에 부활하신 것이 아니라는 것이다. 예수님은 니산월 14일에 죽으셨고 정확히 3일 만에 부활하셨다. 예수님이 부활하신 날을 이방 여신을 섬기는 이스터로 바꾸어 지킨다면 하나님이 기뻐하실까?

부록5
하나님의 달력

안식일은 첫째 날인 일요일이 아니라, 일곱째 날인 토요일이다. 그 근거가 무엇인지 알아보자.

창세기에서 하나님은 인간에게 날짜를 알기 위해서는 하늘을 쳐다보면 된다고 하신다.

> (창 1:14-15) 하나님께서 이르시되, 밤에서 낮을 나누도록 하늘의 궁창에 광체들이 있고 또 그것들은 표적들과 **계절들과 날들과 해들을 나타내라.** [15]또 그것들은 하늘의 궁창에서 빛이 되어 땅 위에 빛을 주라, 하시니 그대로 되니라.

하나님이 일월성신을 창조하신 날은 넷째 날인데, 인간은 여섯째 날 창조되므로 아직 인간이 존재하기 이전이다. 인간이 존재하기 이전에 이미 달력 체계가 가동되고 있었던 것이다. 달력은 하나님이 인간이 존재하기 전에 이미 마련해 놓으신 하나님의 선물이다.

아담에 대해 생각해 보자. 아담은 범죄함으로 하나님께 벌을 받았다. "아담에게 이르시되, 네가 네 아내의 음성에 귀를 기울이고 내가 네게 먹지 말라고 명령한 나무에서 나는 것을 먹었은즉 땅은 너로 인하여 저주를 받고 너는 **평생토록 고통 중에 땅의 소산을 먹으리라.** ¹⁸또한 땅이 네게 가시덤불과 엉겅퀴를 내리라. 네가 들의 채소를 먹으며 ¹⁹땅으로 돌아가기까지 네 얼굴에 **땀을 흘려야 빵을 먹으리니** 이는 네가 땅에서 취해졌기 때문이라. 너는 흙이니 흙으로 돌아갈 것이니라, 하시니라."(창 3:17-19).

그리고 창세기 3장 24절에는 "이같이 하나님께서 그 남자를 쫓아내시고…"라고 되어 있다. 아담은 에덴동산에서 쫓겨났다. 창세기 5장 5절에는 "아담의 전 생애는 구백삼십 년이었으며 그가 죽으니라."라고 되어 있다. 성경은 아담이 그의 생애 930년 동안 무엇을 하면서 살았는지 구체적으로 말해 주지는 않는다. 생존을 위해 필요한 지식을 하나님이 그의 머리 속에 직접 입력시켜 주셨는지, 아니면 아담이 시행착오를 겪으며 하나씩 습득해 나갔는지 자세히 알 수는 없다. 그러나 한 가지 분명한 것은, 아담이 더 이상 하나님과 함께 에덴동산을 거닐지도 못하고, 강이 흐르는 비옥한 땅의 소산물도 먹을 수 없게 되었다는 것이다. 창세기 3장 17절을 보면, 아담은 평생토록 고통스럽게 노동을 해야 식량을 얻을 수 있었음을 알 수 있다. 가시덤불과 엉겅퀴를 제거해야 하는 농사일을 해야만 했던 것이다.

아담은 언제 씨를 뿌리고 언제 거두어들여야 하는지 어떻게 판단할 수 있었을까? 만일 하나님이 모든 것을 아담에게 직접 가르쳐 주지 않았다면, 아담은 아마도 천체의 운행을 보고 계절을 판단했을 것이다. 그는 930년이라는 오랜 세월을 살았기 때문에 천체를 관찰하고 그 운행의 규칙성을 파악할 수 있는 충분한 시간을 소유했다. 물론 처음 몇 년 동안은 천체 운행을 보고 농사일정을 잡는 데 시행착오가 있었을 것이다. 그러나 그는 얼마 안 되어, 몇 날이 지나면 씨를 뿌려야 하고 또 몇 날이 지나면 수확해야 하는지 정확한 농사 일정을 파악하게 되었을 것이다.

아담이 하나님의 달력 체계를 어떻게 이해하고 있었는지 추리해 보자. 아담은 달의 위상이 12번 바뀌면[69](**즉 초승달에서 다음 초승달이 되는 주기를 12번 지나면**) 새벽 하늘의 동일 지점에 지난 번 보았던 것과 같은 별자리가 또다시 나타나는 것을 알아챘을 것이다. 그래서 그는 동일한 별자리가 동일한 지점을 또다시 통과할 때까지의 기간을 하나의 주기, 즉 일년으로 잡았을 것이다. 그리고 일년이라는 주기 동안 달의 위상이 거의 12번 바뀌므로 일년을 12달로 나누었을 것임에 틀림없다. 그리고 그는 초승달에서 다음 번 초승달까지 달의 위상 주기가 29일 내지 30일[70]이 되는 것도 쉽게 알 수 있었을 것이다.

아담은 자신이 알아낸 이런 규칙을 자신만 알고 자손들에게는 비밀로 했을까? 아니다. 자기 자손들에게 설명해 주고 가르쳐 주었음이 분명하다.

---

69) 조금 더 엄밀히 말하면, 달의 위상이 12번 바뀌고 11일이 더 경과해야 동일 별자리가 동일 지점에 재출현하게 됨. 이 부분은 몇 페이지 뒤에서 다시 다룸.

70) 달의 위상 주기는 약 29.5일.

주(週)의 기원

다시 창조 당시로 가보자.

(창 2:2-3) **일곱째 날**에 하나님께서 자신이 만든 일을 마치시고 자신이 만든 모든 일에서 떠나 **일곱째 날**에 안식하시니라. ³하나님께서 **일곱째 날을 복 주시고 거룩히 구별하셨으니** 이는 그 날에 하나님께서 친히 창조하며 만든 자신의 모든 일을 떠나 안식하셨기 때문이더라.

이 구절에서 우리는 **일곱**이라는 숫자의 중요성을 느낀다. 필자는 이 책에서 창조 당시의 **하루**라는 시간이 실제적으로 24시간을 의미하는지, 아니면 수만 년을 의미하는지에 대해 논하지 않겠다. 다만 어느 경우이든지 간에 하나님은 6일 동안 세상을 창조하셨고, 일곱째 날 안식하셨으며, 일곱째 날을 복 주시고 거룩하게 하셨다는 것이다. 이로써 하나님은 7일을 하나의 주기, 즉 1주(週)로 삼으셨음이 분명하다.

자, 이제는 노아의 홍수 시대로 가보자. 창세기 7장 4절에 보면, 하나님은 노아에게 7일 후에 홍수를 내리실 계획을 말씀하신다. 그리고 창세기 8장에서 노아는 물이 줄었는지 알기 위해 비둘기를 내보냈고, 그 비둘기가 앉을 곳을 찾지 못하고 돌아오자 7일을 기다렸다가 다시 비둘기를 방주에서 내보낸다. 독자는 이러한 구절들을 읽고, 1주 7일이라는 개념이 아주 중요하다는 것에 동의하는가? 노아는 분명 1주 7일의 개념을 알고 있었다. 1주 7일의 개념은 노아 당시에 이미 확립된 개념이었다.

자, 이제 이스라엘의 족장 시대로 가보자. 많은 사람들은 이스라엘의 족장들[71]은 안식일을 지키지도 않았고 1주 7일이라는 개념도 갖고 있지 않았을 것이라고 주장한다. 성경 창세기에 그들이 안식일을 지켰다고 하는 구절이 없다는 것이다. 그러나 창세기는 율법을 설명하는 책이 아니다. 창세기는 창조와 인류의 역사를 기록한 사건 중심의 책이다.

창세기는 예수님이 걸으실 길의 토대를 마련하고 예수님이 펼치실 사역의 무대를 설치한다. 창세기는 역사 교과서가 아니다. 인간이 행한 모든 일에 대해 왜 그것을 했고 어떻게 그것을 했는지 세세하게 기록하지는 않으며, 이스라엘 족장들이 안식일을 지켰다고 명시하지도 않는다. 모든 구체적인 사항을 일일이 다 기록해 놓은 것이 아니다. 그러나 비록 창세기에 기록되어 있지 않을지라도, 이스라엘의 족장들도 1주 7일의 개념을 알고 안식일을 지켰음이 분명하다. 왜냐하면 노아가 알고 있었던 1주 7일의 개념이 노아의 10대손인 아브라함에게 전달되지 않았을 리가 없기 때문이다. 이렇듯 1주 7일의 개념을 알고 있었다면, 주의 마지막 날인 안식일에 대해서도 알고 있었다는 말이 된다. 어떤 사람들은 1주 7일이라는 개념이 BC 600년대의 바빌론 점성술에서 비롯되었다고 터무니없는 주장을 한다. 인간의 눈으로 관찰할 수 있는 천체가 달[月], 화성, 수성, 목성, 금성, 토성, 해[日]이기 때문이라는 것이다. 그래서 요일의 명칭도 이

---

71) 이스라엘의 족장들: 아브라함, 이삭, 야곱 등.

천체를 주관하는 신의 이름을 사용한다는 것이다. 그러나 **1주 7일** 개념은 창조 때부터 기원한 것임을 알아야 한다.

하나님의 달력[72)]

앞서 언급한 대로 아담은 달의 위상이 12번 바뀌면(**즉 초승달에서 다음 초승달이 되는 주기를 12번 지나면**), 새벽 하늘의 동일 지점에 지난 번 보았던 것과 같은 별자리가 또다시 나타나는 것을 알아챘을

---

72) 달력의 종류:

① 태양력(solar calendar): 태양을 기준으로 하는 달력이다. 현재 세계 공통으로 사용하는 그레고리안 달력이 태양력의 대표적인 예이다. 태양력 1년은 춘분점을 기준으로 태양이 천구를 한 바퀴 도는 데 걸리는 시간으로서 365.2422 일이다. 여기서 0.2422일이 문제가 된다. 4년이 지나면 0.2422일×4년=0.9688일로서 거의 1일에 해당한다. 그래서 매 4년마다 하루를 2월 29일에 넣어 준다. 이런 해를 윤년(閏年, leap year)이라고 한다. 그런데 이런 식으로 하면 4년마다 1-0.9688=0.0312일이 더 들어가게 된다. 400년이 지나면 100×0.0312=3.12일이 더 들어가는 셈이다. 이러한 일수들은 달력에서 빼주어야 하는데, 그 방법으로서 100으로 나누어지는 해는 윤년에서 제외시키되, 400으로 나누어지는 해는 다시 윤년으로 하는 것이다. 그러면 400년마다 3.12-3=0.12일밖에 오차가 생기지 않는다. 더욱 정확하게는 400×8=3,200년마다 0.12×8=0.96으로 거의 하루가 되어 다시 1일을 보정해 주어야 할 필요성이 발생하지만, 현실적으로 3,200년이라는 기간은 너무 긴 시간이므로 의미가 없기 때문에 고려하지 않는다. 예를 들어 보자. 2008년도는 4로 나누어지는 해이므로 윤년이다. 즉 2월 29일이 있다. 1900년도는100으로 나누어지므로 윤년이 아니다. 2000년도는 400으로 나누어지므로 윤년이다.

② 태음력(lunar calendar): 달의 위상(모양)을 보고 만든 달력이다. 음력은 한달이 약 29.5일이므로 1년에 12×29.5=354일이 된다. 이슬람력이 대표적인 예이다. 1년은 항상 12개월로 구성되는데, 매년 태양력보다 11일(=365-354) 정도 앞서 나가 점차적으로 계절과 맞지 않게 되나, 종교적인 이유로 사용된다. 그러나 약 33년이 지나면 33×11=363일이 되기 때문에 태양력의 계절과 다시 거의 맞게 된다.

③ 태양태음력(lunisolar calendar): 위에서 설명한 태음력은 계절과 맞지 않기 때문에 불편하다. 따라서 계절과 맞추기 위해 특정한 방법으로 태음력에 윤달(intercalary month)을 삽입하는 달력이다. 유대력이나 한국 음력이 그 예이다. 한국 음력의 경우, 3년이 지나면 3×11=33일로 약 한달의 차이가 나므로 윤달(30일)을 넣어 주는데, 여전히 3년에 약 3일(=33-30)의 오차가 발생한다. 따라서 18년 동안 18일의 차이가 나고, 19년차에는 당해년도의 11일과 지난 18년간의 18일을 합해 29일(=11+18)짜리 윤달을 넣어 준다. 즉 19년 동안 총 7차례의 윤달을 넣어 준다. 유대력도 태양태음력의 일종이다. 평년에는 12개월, 윤년에는 제2 아달월을 추가해 13개월로 만든다. 29.5일(달의 위상 주기)×12달=354일.

것이다. 그러나 정확하게 따지면 달의 위상이 12번 바뀌는 기간은 354일이고 별자리의 재출현 주기는 365일이기 때문에, 이 두 기간은11일의 차이가 발생한다. 아담은 세월이 지날수록 천체 관찰 데이터가 많아졌기 때문에, 더욱 정확하게 동일 별자리의 재출현 주기를 알 수 있었을 것이다. 그것은 바로 12달에 11일을 더한 기간이었다.

아담이 천문 현상을 수리적으로 설명할 수 있었는지의 여부는 중요치 않다. 단지 아담은 12번째로 초승달이 뜬 후 열하루가 지나면 지난 번의 별자리가 정확하게 같은 장소를 지나간다는 것을 알고 있었던 것이다. 그것을 기준으로 농사일을 하면 충분했다. 달의 모양을 보고 그 달의 일자를 알 수 있었고, 별의 위치를 기준으로 한 해를 셀 수 있었던 것이다.

지금까지 아담이 어떻게 날짜를 계산하고 있었는지에 대해 장황하게 설명했다. 그것은 이 글의 후반부를 이해하는 데 도움이 되기 때문이다. 자, 이제 노아에게로 다시 돌아가자.

창세기 7장 11절은 "노아의 생애에서 육백 번째 해 둘째 달 곧 그 달 십칠일 바로 그 날에 큰 깊음의 모든 샘들이 터지고 하늘의 창들이 열리며."라고 말씀하고 있다. 이 구절은 노아 당시에 해와 달과 날을 정확히 표시하는 완전한 달력 체계가 존재하고 있었음을 반증한다.

아담이 이미 알고 있었던 천문 지식과 노아 당시까지 수 세기 동안 축적된 지식을 감안하면, 노아 당시에 완벽한 달력 체계가 존재했다고 주장하더라도 전혀 무리가 없다. 노아는 달력 체계를 잘 이해하고 있었고 그것을 활용하는 데 전혀 불편함이 없었을 것이다. 따라서 창세기의 저자인 모세는 달력이 어떻게 작동하는지에 대해 일일이 설명하는 성경구절을 넣을 필요가 없었다. 그 당시에 달력은 이미 일상생활의 일부분이었으며, 먹는 일, 마시는 일, 잠자는 일과 같이 친숙한 일이었기 때문이다.

이제 BC 600년경의 바빌론 제국 시대로 가보자(참고적으로 모세는 BC 1,500~BC 1,400년경에 활동한 인물이다). 바빌론이 태동할 무렵, 사람들은 태음력(354일/년)을 농경 일정에 편리한 태양력(365일/년)과 **동기화시키려는 시도를 한다. 그 이유가 무엇인가?**

태양력은 지구의 공전 주기를 이용하므로 계절의 변화와 일치해 농경 일정을 잡는 데 편리하다. **태음력**은 일년이 12달 354일이고 태양력은 365일이므로, 두 달력 간에는 일년에 11일간의 차이가 발생한다. 태음력은 달의 위상을 보고 만들었기 때문에 계절 변화와 약간씩 어긋난다. 이 차이가 누적될수록 태음력의 특정한 달과 그 달에 해당하는 계절이 점점 맞아떨어지지 않게 되어 농경 일정을 계획하는 데 곤란해진다. 이러한 단점을 보완하기 위해 태음력에 윤달(閏月)을 넣어 계절과 동기화시킬 필요성을 느끼게 된 것이다. 이런 식으로 계절과 맞추어 보완한 달력을 **태양태음력**이라고 한다. 바빌론 사람들이 어떤 방식으로 윤달을 삽입했는지 알아보자.

바빌론 사람들은 태양과 달의 움직임을 관찰하면서 다음과 같은 사실을 발견했다. 즉 해와 달이 지난 번과 같은 별자리를 배경으로 둘 다 정확히 같은 위치로 들어오는 데 햇수로는 19년, 달수로는 235달이 소요된다는 것이다. 즉 햇수로 19년, 달수로 235달을 주기로 태음력과 태양력이 **스스로** 동기화한다는 것을 알아 낸 것이다. 이 주기를 발견한 그리스의 철학자 메톤(Meton)의 이름을 따서 **메톤 주기**라고 한다. 태음력으로 19년은 228달(=19x12)인데, 태양력의 주기와 맞추기 위해서 19년 안에 235달을 끼워 넣어야 하는 것을 알았다. 즉 7달(=235-228)이 추가적으로 들어가야 하는 것이다. 바빌론 사람들은 19년 중 3년차, 6년차, 8년차, 11년차, 14년차, 17년차, 19년차에 각각 윤달을 넣어 총 7달을 추가했다. 그러나 이 메톤 주기도 미세한 오차가 있는데, 19년 동안 0.09일(2시간)의 차이가 발생한다.

이제 아담 시대로부터 바빌론 시대까지 내려오면서 문답을 통해 결론을 도출해 보자. 아담은 달을 관찰했는가? 그렇다. 아담은 농작물을 심고 거두어들였는가? 그렇다. 아담은 심고 거두는 때를 알기 위해 계절의 주기를 알고 있었나? 그렇다. 아담은 그의 천문 지식을 자손에게 전해 주었나? 그렇다. 아담의 자손들도 전수받은 지식을 기초로 달력을 더욱 정교하게 발전시켜 나갔나? 그렇다. 따라서 아담으로부터 약 3,400년 후인 바빌론 시대에 사람들은 달력 체계에 대한 고도의 지식을 갖추고 있었다고 추론할 수 있는가? 그렇다.

바빌론 달력은 초승달이 처음으로 관측되는 날을 그 달의 첫 날로 잡는다. 이러한 관습은 고대 이스라엘의 영향을 받은 것이 분명하다. 또한 저녁 때 달을 관측할 수 있으므로 저녁 때가 하루가 시작되는 시점이 되는 것이다. 하루의 길이는 당일 저녁부터 다음 날 저녁까지이다.

한편 비웃기를 좋아하는 사람들은 "미안하지만 나는 아담이라는 존재 자체를 아예 믿지 않아요!"라고 빈정거릴지도 모른다. 비록 당신이 아담의 존재를 믿지 않을지는 모르지만, 많은 역사 기록을 연구해 보면 달력 체계가 모세 시대 때 이미 정립되었음을 알 수 있다. 바빌론의 달력은 유대의 달력을 이용해 약간 수정한 것에 지나지 않는다. 그런데 바빌론의 **태양태음력**은 로마에 의해 또다시 **태양력**으로 바뀌게 된다.

1주 7일 체계과 요일의 불변성

앞에서 언급한 대로 바빌론 달력은 태음력과 태양력을 동기화시키기는 했지만 여전히 오차가 존재했다. 수백년간 작은 오차가 누적되자 또다시 바벨론의 태양태음력도 계절과 3일 정도 오차가 발생하게 되었다. 로마가 세계를 제패할 즈음 로마에서 사용되던 로마력도 상당히 불편하고 복잡했다. 그래서 BC 46년 율리우스 시저 (Julius Caesar)는 새로운 달력 체계인 태양력(율리우스력)을 만들어 낸다.

당시 로마의 천문학자들도 태양년이 12달의 길이와 같지 않다는 점을 잘 알고 있었다. 율리우스 시저의 태양력은 그때까지 누적되어 왔던 로마 달력의 계절적 오차를 보정하기 위해 BC 46년도에 90일을 추가적으로 끼워 넣었다. 또한 로마의 황제들은 제멋대로 달력에 수정을 가했다. BC 8년에 아우구스투스는 6월달의 이름을 섹스틸루스(Sextilus)에서 어거스트(August)로 개명했고, BC 44년도에 율리우스 시저는 5월달의 이름을 퀸틸리스(Quintilis)에서 줄라이

(July)로 개명했다. 또 율리우스 시저는 한 해의 시작일을 January월 1일로 변경했다.

서방 교회는 로마식 신년일을 인정하지 않았다. AD 567년에는 공식적으로 January월 1일은 신년일이 아님을 천명하기도 했다. 서방 교회는 March월 1일, January월 1일, March월 25일, December월 25일, 부활절 전 토요일 등의 일자를 신년일로 제정하는 등 신년일을 여러 번 바꾸었다. 동방 교회에서는 September월 1일을 신년일로 사용했다.

율리우스력은 일년을 365일로 잡고 매 4년마다 29일짜리 윤달을 삽입하는 체계[73]이다. 그런데 BC 45~BC 9년의 기간 동안 달력 계산 임무를 맡은 로마 제사장이 착오를 일으켜 매 4년 대신 매 3년마다 윤달을 삽입하는 어처구니없는 사태가 발생했다. 이러한 실수를 만회하기 위해 BC 9년 이후부터 AD 8년까지는 윤달을 삽입하지 않았다. 따라서 윤달이 들어간 연도를 나열해 보면 다음과 같다. BC 45, BC 42, BC 39, BC 36, BC 33, BC 30, BC 27, BC 24, BC 21, BC 18, BC 15, BC 12, BC 9, AD 8, AD 12···, 그리고 매 4년마다 계속되었다.

이렇듯 달력에 대해 연구하는 것은 흥미로운 작업이다. 율리우스력이 당시의 로마 달력 체계를 정돈하고 계절적 차이를 보정해 주었으나, 세월이 흐르면서 미세한 오차가 다시 누적되어 또 한 번의 수정이 불가피하게 된다. 율리우스력은 약 128년에 1일의 오차가 발생한다. 따라서 AD 1,500년 중반까지 약10일간의 오차가 누적되었

---

73) 윤달을 삽입하는 해[年]를 윤년(leap year)이라고 함.

다. 이 오차를 보정하기 위해 교황 그레고리 13세는 나폴리(Naples)의 의사이기도 한 **알로이시우스 릴리우스**(Aloysius Lilius)의 제안을 받아들여 그레고리력을 창제한다.

그레고리력은 1582년 2월 24일 교황칙서로 내려졌다. 이 칙서에 의해 1582년 10월 4일(목요일)의 다음 날을 1582년 10월 15일(금요일)로 만들어 버렸다.[74] 그레고리력은 아주 정확하기 때문에 3,300년이 지나야 하루 정도의 오차가 발생할 뿐이다.

이렇게 달력 체계가 수정되고 발전되어 오면서 달[月]이 추가되기도 하고 날[日]이 추가되기도 했다. 그러나 신비롭게도 요일(曜日)은 건너뛰지 않고 항상 정상적으로 지켜져 왔다. 율리우스 시저가 바빌론력의 오차를 보정하고자 90일을 추가했을 때도 요일은 순차적으로 넘어갔다. 1582년 그레고리력이 창제되었을 때도 날짜는 10일을 건너뛰었지만 요일은 정상적으로 진행되었다. 수많은 황제들과 왕들과 지배자들이 지난 수천 년 동안 달력을 이리저리 뜯어 고쳤지만 요일 체계만큼은 창조 때부터 깨어지지 않고 계속해서 정상적인 주기를 지켜온 것이다. 사람들이 요일을 **월화수목금토일**로 호칭하든지, 아니면 첫째 날, 둘째 날, 셋째 날 등으로 호칭하든지 간에 요일은 모세 때와도 같은 요일이고 인간이 창조될 때와도 같은 요일이다.

위에서 우리는 노아 당시에 노아는 1주 7일임을 잘 인지하고 있었음을 배웠다. 노아는 물이 감(減)해졌는지 알기 위해 7일을 기다

---

74) 역사에서 1582년 10월 5일부터 1582년 10월 14일까지의 기간은 존재하지 않는 기간이된 것임. 그러나 요일은 목요일에서 금요일로 정상적인 진행을 했으므로 요일은 그대로 이어짐.

렸다가 비둘기를 내보냈던 것이다. 이렇듯 1주 7일 체계는 노아 때까지 거슬러올라감이 확실하며, 또한 아담까지도 거슬러올라가는 것이 확실하다. 비록 노아는 아담[75]과 동시대를 살지 못했으나, 노아의 아버지인 라멕(Lamech)은 아담과 동시대를 살았다. 또한 라멕은 노아의 아들 셈(Shem)이 93세가 될 때까지 동시대를 살았다. 1주 7일 체계는 아담으로부터 많은 세대를 거쳐 오늘날까지 변함없이 지켜지고 있다. 독자가 이 사실에 대해 별다른 느낌이 없거나 굉장히 중요한 것을 발견했다는 생각이 들지 않는다면 다시 한번 이 글을 읽어 보기를 당부한다. 1주 7일 체계는 한번도 깨어지지 않은 것이다!

역사 기록을 보면 유대인들은 요일을 단순히 첫째 날, 둘째 날, 셋째 날 등으로 호칭했다. 그리고 마지막 일곱째 날은 하나님을 경배하기 위해 특별히 구별한 거룩한 날로서, 그 날을 지칭하는 고유한 명칭이 있었는데, 바로 **안식일**[76]이다. 예수님이 부활하신 후 지금까지 2,000년의 긴 세월 동안 기독교계는 안식일을 주일(일요일)로 바꾸려는 우매한 시도를 해왔지만, 1주 7일 체계만큼은 바꾸지 못했다. 하나님만을 섬기기로 작정하고 안식일을 거룩하게 지키는 사람들은(출 20:10-11) 그들이 오늘날 지키고 있는 안식일이 바로 아담, 노아, 모세와 이스라엘 백성들이 지켰던 바로 그 안식일과 같은 날이라는 사실을 깨닫고 위로를 받을 것이다!

하나님은 인류를 창조하시기 전에 이미 1주 7일 체계를 확립해

---

75) 아담은 930년을 살았음.
76) 안식일만 요일의 이름을 가진 셈이다.

두셨다. 그리고 1주 7일 체계의 마지막 날인 일곱째 날은 구별되고 거룩한 날로 선언하셨다. 비록 인간이 이 같은 하나님의 체계를 변경하려는 시도를 해왔을지라도, 이 체계는 결코 변경되지 않았고 또한 변경되지 않을 것이다.

크리스천들에게 드리는 질문과 답변

질문: 예수님은 어느 인종인가? 유대인인가? 그리스인인가? (이 질문을 보고 비웃지 말라. 많은 크리스천들은 정말로 이 질문에 대한 정답을 모른다.)

답변: 예수님[77]은 유대인으로서 율법을 지키셨고 **탈리트**를 걸치셨으며, 회당에 출석하셨고 안식일과 절기들을 준수하시고 정결한 음식(코셔, kosher)만 잡수신 분이시다. 그런데 예수님을 믿는다고 하는 오늘날의 크리스천들은 왜 이런 예수님과 닮은 점이 별로 없는가? 그들은 모두 자기 교파만이 정통이라고 주장하면서도 정작 믿음의 창시자인 예수님이 주신 모범을 무시하고 있지는 않는가?

질문: 왜 크리스천들은 예수님의 히브리 이름이 **예수아**임에도 '지저스(Jesus, 예수)'라고 부르는가? 예수아라는 발음이 그리 어려운가?

답변: 예수님의 히브리 본명은 **예수아**(Yeshua)이다. 혹은 **야수아**(Yahshuah, Y'Shua)로 발음하기도 한다. '지저스'는 예수님의 그리스

---

77) 예수님: 히브리어로 예수아(Yeshua).

문자를 영어로 발음한 것일 뿐이다. 따라서 '지저스'라는 말은 아무런 뜻이 없다. 그냥 발음일 뿐이다. 반면 예수아는 '하나님이 구원하신다' 혹은 '하나님은 구원[78]'이라는 귀한 뜻을 담고 있다. 예수님은 살아 생전 자신이 '지저스'라고 불리는 것을 한번도 귀로 들으신 적이 없었을 것이다. "예수님 이름의 발음이 뭐 그리 중요한가?"라고 반문할 수 있다. 그렇다면 독자의 이름이 **홍길동**인데 다른 사람이 **홍기똥**이라고 부르면 기분 좋겠는가? 물론 예수님은 우리가 '지저스'라고 발음해도 자신을 호칭한다는 것을 아실 테지만, 귀한 뜻을 담고 있는 자신의 본명으로 불리시기를 원하신다.

질문: 누가 새 예루살렘에 들어갈 수 있는가?

답변: 이스라엘의 12지파다. 크리스천이나 이슬람교도나 힌두교도나 KKK[79] 단원이 들어가는 것이 아니다. 오직 이스라엘의 12지파만 들어갈 수 있다(계 21:12). 그러면 과연 이스라엘은 누구인가? 예수님(예수아)을 믿고 마음을 다해 따르는 **모든** 자들이다.

질문: 하나님은 창세기 2장 1-2절에서 안식일을 복 주시고 거룩하

---

78) 구약성경에는 예수아라는 이름이 30회 나오고, 여호수아라는 이름이 199회 나온다. 그런데 예수아라는 이름은 여호수아의 줄인 말이다. 따라서 사실 두 이름은 같은 이름이다. 따라서 모세의 후계자 여호수아는 예수아와 같은 이름이고 예수님을 예표하는 모형이 되는 인물이다. 예수님이 우리를 천국으로 인도하시는 것처럼 여호수아도 이스라엘 백성을 가나안땅으로 인도했다. 또한 구약성경에 '구원(yeshua, 소문자 y임)'이라는 의미로 78회 사용되었다. 예를 들면 "오 주여, 내가 주의 구원(yeshua)을 기다렸나이다."(창 49:18)와 같은 경우이다. Jesus(Je-Zeus)는 제우스(Zeus) 신을 섬기는 그리스 문화에서 만들어 낸 이름일 뿐이다. 이런 이름은 다신교적인 분위기를 수용했으며, 결국 다신교의 뿌리를 가진 삼위일체 교리와 반(反) 율법 교리로 가는 평탄대로를 제공했다.

79) KKK: 쿠 클럭스 클랜(Ku Klux Klan), 백인 우월주의, 반유대주의, 인종차별, 반가톨릭, 기독교 근본주의, 동성애 반대 등을 표방하는 미국의 극우 비밀결사 단체.

게 하셨다. 그런데 그 이후에 성경 어디에서 하나님이 안식일을 그만 지켜도 된다고 하셨나? "예수님이 주일에 부활하셨으니까 그것을 기념하기 위해 주일예배를 하는 겁니다!"라고 대꾸하지 말라. 예수님은 결코 주일 에 부활하지 않으셨다.

답변: 성경을 아무리 뒤져 봐도 하나님이 일요일을 축복하셨다는 구절은 없다. 또한 성경을 아무리 뒤져 봐도 하나님이 안식일을 일요일로 변경하셨다는 증거를 발견할 수 없다. 콘스탄틴이 유대인을 경멸했기 때문에 일요일 예배로 변경했다고 주장하는 이도 있다. 어쨌거나 초대교회 시대의 유대인 신자와 이방인 신자는 모두 **안식일**에 회당에 모였다. 사도행전 13장 42-44절에는 이방인 신자들이 바울에게 다음 번 **안식일**에도 자기들에게 율법을 가르쳐 주기를 요청했다고 기록한다. 그리하여 그 다음 안식일에는 거의 온 도시가 하나님의 말씀을 들으려고 함께 나아왔다고 기록한다. 일요일에 집회를 가졌다는 기록은 없다.

질문: 크리스천들은 '율법이 폐지되었다'고 주장한다. 그 말은 **죄**까지도 폐지되었다는 말이 된다. 왜냐하면 죄는 율법을 범하는 것이기 때문이다. 예수님은 우리의 **죄**를 씻기 위해 오신 것이지, **죄** 자체를 무효화시키려고 오신 것이 아니다. 주위를 둘러보라! 현 세상에 죄가 없는가? 온갖 사악한 죄가 넘치고 있지 않는가! 도대체 누가 언제 율법을 폐지했다는 말인가? 예수님은 결단코 그런 일을 하신 적이 없으시다. 예수님은 율법을 폐하러 오지 않고 성취하러 왔다고 선언하셨기 때문이다. 마지막 속죄 헌물이 되신 예수님의 사역

이 어떻게 하나님의 영원한 율법을 무효화시킨다는 말인가? 크리스천들은 새 율법이 자신들의 마음판에 기록되었기 때문에(렘 31:33-34, 롬 10:4-8), 낡은 구약율법과는 더 이상 아무런 관련이 없다고 주장한다. 그러나 먼저 율법을 배우고 그것을 마음을 다해 지킬 때만 비로소 율법이 마음판에 새겨질 수 있다는 사실을 깨달아야 한다. 인간은 죄성을 가지고 태어난다. 인간의 도덕적이고 거룩한 삶을 위해 주어진 하나님의 율법은 태어나면서 자동적으로 주어지는 것이 아니다.

답변: 예수님은 인간의 몸을 입고 오신 하나님이시며, 새 언약이시고, 마지막 속죄 헌물이시다. 예수님은 우리에게 **새 언약**을 주신 것이지 새 율법을 주신 것이 아니다. 그리고 그 새 언약은 이방인들과 맺은 것이 아니라, 이스라엘의 집과 맺은 것이다. 이스라엘의 집이란 하나님이 주신 율법을 지키는 자들을 말한다.

예수님의 보혈은 **모르고 지은 죄**[80]만을 씻어 주신다(히 9:7). 율법을 마땅히 지켜야 됨에도 불구하고 '마음판에 새겨진 율법'[81] 운운하며 실제로는 지키지 않는 죄를 속하기 위해 예수님이 보혈을 흘리신 것이 아니다. 바로 이것을 깨닫게 하기 위해 바울은 히브리서에서 예수님의 죽음의 의미를 자세히 설명하는 것이다. 예수님은 고의적이고 의도적인 죄를 속해 주시기 위해 희생양이 되신 것이 아니다. 예수님이 긍휼과 은혜를 베풀어 주셨다는 것이 율법을 더 이상 지키지 않아도 된다는 의미는 절대 아니다.

---

80) 모르고 지은 죄: 고의로 짓는 죄(고범죄, 故犯罪)가 아닌 죄.
81) 렘 31:33, 신 11:18, 고후 3:2-3.

질문: 고린도전서 5장 7-8절에서 바울은 우리에게 어떤 절기를 지키라고 하는가?

답변: 유월절이다. 이방 종교에서 유래한 이스터(**부활절**)가 아니다. 유월절은 이스라엘 백성들이 출애굽한 것을 기념하며 매년 니산월 14일에 지켜진다. 예수님은 유월절에 죽으시고 정확히 3일 만에 부활하셨다. 유월절과 이스터는 같은 절기가 아니다. 이스터는 이방 여신의 이름이다. 하나님이 이방 여신을 존중해 주신 일이 있는가? 하나님이 이방 종교를 기뻐하신 일이 있는가?

질문: 하나님은 분명히 여러 차례 자신의 절기들을 **영원히** 지키라고 명령하셨다(레 23:21, 23:31, 23:41, 출 12:14). 하나님의 아들 예수님이 십자가에서 죽으셨다고 영원한 명령이 중단될 이유가 있는가? 도대체 영원하다는 말의 뜻을 모르는가? 영원하다는 것은 중단되거나 생략되거나 보류되거나 폐지되지 않는다는 것이다. 만약 율법이 폐해졌다고 믿는다면 예수님이 아직 성취하지 않은 마지막 3절기들[82]은 어떻게 되는 것인가? 크리스천들이 소망하는 **휴거**가 없다는 말인가?

답변: 예수님은 7절기 중 처음 4절기를 성취하셨으므로 나머지 3절기도 분명히 성취하실 것이다. 예수님이 성취하실 다음 절기는 다섯번째 절기인 나팔절이다. 많은 크리스천들은 나팔절에 휴거가 발생해 자신들은 하늘로 휙 채여 올라가고 비(非) 크리스천들은 지상에 남겨져서 대환란을 당할 것이라고 생각하지만 천만의 말씀이

---

82) 나팔절, 속죄일, 장막절.

다. 휴거는 대환란 **직후**에 발생할 것이다. 이 주제에 대해 이 책에서는 더 자세하게 다루지는 않겠다.

예수님을 믿는 자들은 하나님의 절기들을 지켜야 한다. 하나님은 이스라엘에게 주신 율법에서 하나님의 절기들이 영원하다고 말씀하셨다(레 23:21, 23:31, 23:41, 출 12:14). 예수님을 믿는 자는 누구든지 이스라엘 백성이다. 이 글을 읽고 있는 독자도 예수님을 마음속에 영접했다면 이스라엘 백성인 것이다. 예수님도 친히 절기들을 지키셨고, 초대교회 유대인 신자들이나 바울 등도 마찬가지였다(행 20:16, 고전 16:8, 행 28:17). 예수님이 재림하실 때는 범세계적으로 절기들이 지켜지게 될 것이다(슥 14:16-21). 하나님은 자신의 일정표(appointed times)를 가지고 계신다. 하나님은 아무런 목적 없이 무작정 일을 하시는 분이 아니다. 창조자 하나님의 말씀을 대수롭지 않게 여기고 무시해 버리는 자들은 도대체 어떤 자들인가?

질문: 바울은 예수님이 죽으심으로 모든 음식 규례가 폐해졌기 때문에 먹고 싶은 것은 무엇이든 다 먹어도 괜찮다고 가르쳤는가?

답변: 답변은 No! No! No! 음식 규례는 항상 그랬던 것처럼 지금도 유효한 하나님의 거룩한 법이다. 하나님은 돼지고기, 새우 등을 음식으로 간주하신 적이 절대 없다. 하나님을 대적하는 자들은 이런 것들을 '음식물'이라고 부른다. 고린도전서 10장에서 바울은 비록 우상에게 바쳐졌던 고기일지라도 신자들은 먹을 수 있다는 지침을 준다. 왜냐하면 우상은 음식물 자체를 부정하게 만들 수 없기 때문이다. 바울이 말하는 것은 부정한 짐승의 고기까지 먹을 수 있

다는 의미가 결코 아니다. 또한 사도행전 11장의 베드로의 환상은 부정한 인간으로 간주되었던 이방인들도 하나님의 백성이 될 수 있다는 계시였다. 부정한 것들을 먹어도 된다는 의미가 전혀 아니다.

질문: 율법이 폐지되었고 구약성경이 신약 성도들에게 교리적 권위를 가지지 못한다면 왜 교회에서 십계명을 설교하고 십일조를 권장하는가? 안식일과 절기는 지키지 않으면서 왜 십일조는 유독 강조하는가? 왜 하나님의 말씀에 대해 자신이 좋아하는 것만 골라서 먹는 편식하는 어린아이의 태도를 가지는가?

답변: 독자는 성경에서 율법이 폐지되었다고 명시하는 구절을 찾지 못할 것이다. 많은 크리스천들은 하나님이 "내가 내 법들을 그들의 마음속에 두고 그들의 생각 속에 그것들을 기록하리라."라고 한 말씀을 구약의 율법을 폐지한 것이라고 해석하고 만다. 율법을 자신의 마음속에 두었다는 것은, 율법을 율법주의적이고 위선적으로 지키는 것이 아니라, 자발적이고 마음과 뜻을 다해 진심으로 지키는 것을 말하고 있지 않는가! 하나님의 율법이 진정으로 자신의 마음속에 기록되어 있다면, 어느 누구도 간음, 이혼, 살인, 증오, 낙태, 거짓말, 절도, 탐심과 같은 죄를 지을 생각을 품지 않으리라. 그런데 놀랍게도 크리스천들 중에서는 위와 같은 범죄를 저지르는 사람을 어렵지 않게 찾아 볼 수 있다.

예수님은 말씀하신다. "내가 율법이나 대언자들의 글을 폐하러 온 줄로 생각하지 말라. 나는 폐하러 오지 아니하고 성취하러 왔노라. 진실로 내가 너희에게 이르노니, 하늘과 땅이 없어지기 전에는 율법의 일 점 일 획도 결코 없어지지 아니하고 마침내 다 성취되리라."(마 5:17-18).

아직 하늘이 없어지지 않았고 땅이 없어지지 않았다면 율법도 아직 없어진 것이 아니다!

> (마 5:20) 내가 너희에게 이르노니, 너희 의가 서기관들과 바리새인들의 의를 능가하지 아니하면 너희가 결코 하늘의 왕국에 들어가지 못하리라.

당시의 바리새인들과 현대의 정통 유대교 신자들은 자신들의 전통을 율법보다 우위에 두고 전통을 지킨다. 그들에게도 어느 정도의 의(義)가 있기는 하나, 그러한 의는 누더기 같은 것이다. 그러나 하나님의 율법을 마음속에 두고 지키는 자는 바리새인들의 의를 능가한다. 왜냐하면 그들은 예수님이 나누어 주시는 의를 소유하기 때문이다. 율법을 지키지 않는 자는 예수님의 의를 취할 수 없다.

질문: 성경은 이스터(부활절)나 크리스마스처럼 사람이 만든 축제일을 지키라고 명령하는가? 또한 당신의 어린 자녀들에게 산타클로스가 진짜로 존재하고 토끼가 계란을 낳는다고 거짓말을 해도 되는가? 산타클로스나 토끼가 도대체 예수님의 탄생이나 부활과 무슨 연관이 있는가? 혹자는 이렇게 말할지 모른다. "재미있잖아요! 옛날부터 해오는 관습일 뿐이에요.", "우리 아이들은 산타클로스가 없다는 것을 알고 있어요. 크리스마스는 아기 예수님의 생일을 축하하

는 날이지요." 제발 성경을 읽고 하나님이 이런 이방 종교 축제일에 대해 어떤 심정을 가지실지 생각해 보라!

답변: 성경에 이스터(부활절)나 크리스마스를 지키라는 구절은 없다. 그것은 인간이 만들어 낸 것일 뿐이다. 사탄은 이방 종교의 관습들을 주입해 우리가 진리로부터 멀어지도록 한다. 어린 자녀들에게 산타클로스가 진짜로 존재하고 토끼가 계란을 낳는다고 거짓말을 하는 것은 합당한 일이 아니다. 거짓말은 십계명 중 제9계명에 저촉된다. "산타클로스 할아버지가 곧 오실 거야. 착한 어린이가 되어야 선물을 많이 주신단다.", "여기 봐! 이스터 토끼가 너에게 빨간 계란을 가져왔어!" 등과 같은 사소한 거짓말이라도 그것이 **거짓말**임을 알아야 한다. 언제부터 사람들의 전통이 하나님의 말씀보다 우위로 올라갔는가?

질문: 예수님의 몸을 이루는 참된 교파는 어느 교파인가?

답변: 하나님의 왕국은 특정 '교파'에 소속된 정식 회원만이 들어갈 수 있는 곳이 아니다. 예수님을 믿는 자는 모두 아브라함의 자손이며 이스라엘 백성이므로 하나님 왕국에 들어갈 자격이 있다.

질문: 예수님의 제자들과 초대교회 당시의 신자들은 모두 한결같이 율법을 준수하는 자들이었음을 알고 있는가? 개신교는 가톨릭에서 비롯된 종교이고, 가톨릭은 예수님의 가르침을 엄청나게 왜곡했음을 알고 있는가? 안식일과 하나님의 절기를 무시하며 율법을 준수하지 않는 오늘날의 교회가 "우리 교회는 예수님이 베드로의

고백 위에 세운 바로 그 교회"라고 주장할 수 있는가? 교회가 예수님이 가르친 것과 전혀 닮지 않은 것은 무슨 이유인가? 성경을 펴라! 성경에 답이 있다.

답변: 구약에서 이방 민족들은 야만적인 이교도들로 간주되었다. 그들은 야웨 하나님을 섬기지 않고 자신들의 우상을 숭배했다. 그럼에도 불구하고 하나님의 계획은 이방 민족들까지 그분이 주시는 구원을 받게 하는 것이었다(사 49:6, 사 42:6). 하나님은 아브라함에게 그를 통해 땅 위의 모든 이방 민족들이 복을 얻게 될 것이라고 말했다(창 12:1-3). 초기 유대인 신자들은 이 의미를 잘 깨닫지 못했으므로 예수님에 대한 복음을 같은 유대 민족에게만 전파했다. 후에 그들은 이방인에게도 성령님이 주어지는 것을 보고, 예수님을 믿는 이방인들에게 할례를 행해 유대인으로 만들려는 오류를 범하기도 했다(행 15:1-31).

질문: 예수님은 율법을 폐하러 오신 것이 아니고 성취하기 위해[83] 오셨다고 단언하셨다(마 5:17). 그리고 예수님은 "하늘과 땅이 없어지기 전에는 율법의 일 점 일 획도 결코 없어지지 아니하고 마침내 다 성취되리라."고 말씀하셨다(마 5:18). 하늘과 땅이 없어졌는가? 아직도 당신이 하늘 아래 땅 위에서 숨쉬고 살고 있다면 율법도 여전히 살아 있다.

답변: 예수님이 율법을 성취하러 오셨으므로 우리도 당연히 율법을 굳게 붙들어야 한다. 예수님은 유대교나 율법을 폐지하러 온 것

---

83) 성취하기 위하여: '세우기 위하여' 혹은 '확실히 하기 위하여'라는 의미.

이 아니라 그것을 확장시키고, 굳게 세우고, 확실하게 하기 위해 오신 것이다. 예수님은 다음과 같이 말씀하셨다. "그러므로 누구든지 가장 작은 이 명령들 가운데 하나를 어기고 또 그와 같이 사람들을 가르치는 자는 하늘의 왕국에서 가장 작은 자라 불리되 누구든지 그것들을 행하고 가르치는 자 곧 그는 하늘의 왕국에서 큰 자라 불리리라. 내가 너희에게 이르노니, 너희 의가 서기관들과 바리새인들의 의를 능가하지 아니하면 너희가 결코 하늘의 왕국에 들어가지 못하리라."(마 5:19-20).

질문: 요엘 2장 32절과 사도행전 2장 21절에 의하면, 어떤 사람이 구원을 얻게 되는가?

답변: 구원을 얻게 되는 자들은 하나님의 이름을 부르는 자들이다. 즉 하나님의 이름인 **야웨**(YHWH)를 부르는 자들이다. 알라(Allah)나 크리쉬나(Krishna), 마디(Mahdi)를 불러서도 안 되고 지저스(Jesus)조차도 당신을 구원하지 못한다. 그것들은 모두 하나님의 이름이 아니다.

질문: 성경은 하나님의 말씀이 **영원하다**고 말씀한다. 영원하다는 것은 신약시대 전(前)까지만 영원하다는 것인가?

답변: 영원하다는 말은 끝이 없다는 말이다. 크리스천들이 하나님의 말씀인 율법을 지키지 않는 것은 하나님의 말씀이 영원하지 않다고 주장하는 것과 다름없다.

(시 119:89) (라메드) 오 주여, 주의 말씀은 **영원히** 하늘에 정착되었사오며

(사 59:21) 나로 말하건대 이것이 그들과 맺은 내 언약이니라. **주**가 말하노라. 곧 네 위에 있는 내 영과 내가 네 입에 둔 내 말들이 이제부터 **영원토록** 네 입과 네 씨의 입과 네 씨의 씨의 입에서 떠나지 아니하리라. **주**가 말하노라.

요한계시록 2장 21절에는 "내가 새 하늘과 새 땅을 보았으니 이는 처음 하늘과 처음 땅이 사라졌고 바다도 다시는 있지 아니하였기 때문이더라."라고 기록한다. 적어도 새 하늘과 새 땅이 오기 전까지 율법은 유효하다. 거룩한 도시 새 예루살렘이 신부가 단장한 것같이 예비한 채 하늘에서 내려왔는가(계 21:2)? 또한 사탄이 불과 유황 호수에 던져져서 밤낮으로 고통 받고 있는가(계 20:10)? 또 하나님의 백보좌 심판이 시작되었는가(계 20:11-12)? 예수님이 재림하셔서 하나님의 왕국을 벌써 세우셨는가(계 10:1-7, 19:6, 19:11-16)? 이사야 59장 21절과 열왕기상 16장 15절을 참고하라. 아직 이러한 것들이 발생하지 않았다면, 율법도 폐지된 것이 아니다.

질문: 정통 유대교인들이 율법을 지키지도 않는 크리스천들을 질투할 것이라고 당신은 생각하는가(롬 11:11-12)? 돼지고기나 새우처럼 부정한 것을 먹고 안식일과 절기를 지키지도 않는 크리스천들을 향해, 수천 년 동안 율법을 지켜온 정통 유대교인들이 질투심을 불

피울 것이라고 당신은 정말로 생각하는가?

답변: 하나님은 유대인을 사용하셔서 자신의 복음을 온 세계에 알리셨다. 하나님이 유대인들을 세계 곳곳으로 흩어 버리지 않으셨다면, 야웨 하나님이나 예수님에 대해 들어 본 사람이 거의 없었을 것이다. 많은 크리스천들은 유대인에 대해 감사한 마음을 가지기보다는 그들을 미워하고 오히려 유대인의 적(敵)을 지원한다.

예수님을 믿는 자들은 복음을 전 세계로 전파해야 한다. 정통 유대교인에게도 복음을 전파해야 한다. 그러나 지난 수 세기 동안 크리스천들은 수백만의 유대인들을 핍박하고 학살했다. 그런 일에 대해 책임감을 느끼기는커녕, 신약성경을 들고 "지저스는 율법을 십자가에 못박았어요. 율법을 버리고 지저스를 믿지 않는다면 당신은 지옥에 갑니다."라고 전도함으로써 또 한번 유대인들을 질리게 하는 것이다.

크리스천들이 유대인에게 전하고자 하는 하나님은 다름 아닌 바로 그들 **유대인의** 하나님이다. 아브라함과 이삭과 야곱의 하나님인 것이다. 예수님은 인간의 몸을 입고 오신 하나님의 아들이시다. 그런데 아들이 와서 아버지가 말씀하신 모든 것을 폐해 버릴 수 있는가? 당신이 신약을 믿는다고 유대인에게 구약[84]을 던져 버리라고 말할 수 있는가? 신약의 모태가 되는 구약을 신약이 무시할 수 있는가? 크리스천들은 자신들이 소유한 신약성경조차 제대로 이해하지 못하고, 해석하지 못하고, 적용하지 못한다. 당신들은 유대인에게 안식일을 지킬 필요가 없다고 말할 수 있는가? 예수님이 아직

---

84) 구약: 타낙(Tanakh).

다 성취하지 않으신 3절기를 이제 머지 않은 장래에 성취하시려고 하는데, 당신은 벌써 그것을 폐기해 버렸는가?

정통 유대교인의 마음을 돌려 예수님께로 인도하기 위해서는 당신이 먼저 예수님은 율법 준수자이시고 안식일과 절기를 지키셨으며 음식 규례에 따르는 식사를 하신 분으로 인정해야 한다. 그들이 아직도 예수님을 알지 못하는 이유는, 하나님이 그들의 영적인 눈을 잠시 동안 멀도록 하신 이유도 있지만, 그들을 성경적 진리로 인도하지 못하는 크리스천에게도 약간의 책임은 있다. 하나님은 가까운 미래에 그들의 영적 눈을 열어 주실 것이며, 율법을 지키는 진정한 신자들의 도움을 받아 유대인들은 참된 진리를 보게 될 것이다.

질문: 크리스천들은 율법이 자신들의 마음판에 기록되어 있다고 말한다(렘 31:33-34, 롬 10:4-8). 따라서 돌판에 기록된 율법은 더 이상 그들에게 영향력을 행사할 수 없다고 주장한다. 당신이 율법을 배워서 지키지도 않으면서 어떻게 율법이 당신의 마음판에 기록되었다고 말할 수 있는가? 인간은 모두 죄성을 가지고 태어나며, 율법을 배우지 않고도 스스로 선악을 깨닫고 선을 추구할 수 있는 것이 아니다.

답변: 이 문제를 다른 각도에서 한번 생각해 보자. 당신이 구약성경에 대해 한번도 읽거나 배우지 않았다면 어떻게 율법에 대해 알 수 있겠는가? 율법이 마음속에 기록되었다는 것은 예수님을 믿자마자 자동적으로 율법을 완전히 깨달아 버린다는 의미가 아니다. 그 말의 의미는 마음속에서 율법을 배우고 지키고자 하는 열망이

생긴다는 의미이다. 하나님은 우리의 마음이 그분을 향하기를 원하신다. 또한 사탄도 우리의 마음을 차지하기 위해 사자처럼 울부짖는다.

질문: 요한계시록 12장 17절에 용(龍)이 진노하는 대상은 누구인가?

답변: 하나님의 명령인 율법들을 지키고 예수 그리스도의 증언을 가진 자들이다. 용이 대적으로 생각하는 자는 **율법을 지키는** 신자이다.

이 책의 내용이 너무 극단적이라는 느낌을 줄지는 모르지만, 진정으로 진리를 갈구하는 사람은 이 책을 통해 마침내 하나님의 말씀을 깨닫게 되기 바란다. 어떻게 하면 율법을 지키지 않고 빠져나갈 방법이 없을까 궁리하지 말고, 먼저 크리스마스나 이스터 등과 같은 이방 종교의 축제일부터 그만두라. 그리고 하나님의 절기들에 관해 배우라. 더 이상 **젖**(milk)으로만 만족하지 말고 고기를 먹고 건장하게 우뚝 서라. 목사님들도 하나님의 말씀으로만 요리된 건강식으로 양들을 먹여야 할 것이다.

질문: 예수님이 십자가에서 죽으셨기 때문에 하나님의 율법은 무시해도 되는가?

답변: 필자는 아무리 생각해도 No!라는 대답밖에 안 나온다. 예수님이 십자가에서 죽으셨는데, 도대체 왜 하나님의 영원한 가르침이 창문 밖으로 던져져 버려야 하는가? 예수님이 십자가에서 죽으셨는데, 도대체 왜 하나님이 제정하시고 예수님이 몸소 지키신 안식

일이 일요일로 변경되어야 하는가? 예수님이 십자가에서 죽으셨는데, 도대체 왜 돼지고기나 새우가 정결한 음식으로 둔갑되는가?

마태복음 5장 17절에서 예수님은 말씀하신다. "내가 율법이나 대언자들의 글을 폐하러 온 줄로 생각하지 말라. 나는 폐하러 오지 아니하고 **성취**하러 왔노라." 폐하러 오지 않았다는 말은 끝이 아니라는 말이다. 성취하러 오셨다는 말은 폐하러 오신 것이 아니라는 말이다. 반복하지만, 율법은 우리의 인생을 도덕적이고 거룩한 삶으로 만들기 위한 **청사진**이다. 이렇게 뜻깊고 유익한 율법을 예수님이 폐지하시려고 죽으셨다는 말인가?

크리스천들이 믿는 하나님은 유대인들의 조상인 아브라함과 이삭과 야곱의 하나님이시다. 그렇다면 하나님의 율법은 크리스천들에게도 적용된다고 생각하는 것이 순리이다. 구약에는 크리스천들을 예표하는 타국인에 대해 언급되어 있다. 율법은 유대인이나 **타국인**에게 동일하게 적용되었다. 하나님이 두 가지 종류의 율법을 만들어서 하나는 유대인에게만 적용하고 다른 하나는 이방인에게만 적용할 이유가 있는가?

모든 사람은 하나님의 율법을 배우고 지켜야 할 의무가 있다. 구약의 율법을 배워서 깨달음을 얻으면 신약성경이 전혀 새로운 의미를 지니고 당신에게 다가올 것이다.